La dernière conjuration des chats

Joël Carobolante

La dernière conjuration des chats

Illustrations tirées de Pixabay,
sauf Wikipedia pour le schéma ikigai, et Canva pour l'ikigai des chats

© 2024 Joël Carobolante

Édition : BoD • Books on Demand GmbH, In de Tarpen 42, 22848
Norderstedt (Allemagne)
Impression : Libri Plureos GmbH, Friedensallee 273, 22763
Hamburg (Allemagne)

ISBN : 978-2-3225-3674-0

Dépôt légal : septembre 2024

Le maneki-neko,
le chat porte-bonheur japonais

Table

I	Le problème des chats	7
II	La guerre des chats	11
III	L'amour et les chats	23
IV	La mafia des chats	59
V	Les chats thérapeutes	97
VI	Un monde chatoyant	129

Appendices

1)	La planète des chats	149
2)	La vraie vérité enfin révélée	165
+	Petit lexique et message photographique	193
+	Pub !	206

Pour soutenir les auteurs, vos commentaires sont les bienvenus, tant sur les sites de vente en ligne où vous achetez leurs livres (Amazon, la Fnac, etc.), que sur les sites de bibliophiles et sur les réseaux sociaux. Et lorsque vous serez sur Internet, regardez aussi sur YouTube la vidéo « Révélation, la véritable identité des chats » (non : elle n'a pas inspiré la fin de ce livre !)

I

Le problème des chats
(introduction par un chat anonyme)

« Qu'il est doux de ne rien faire quand tout s'agite autour de vous » ont écrit vos poètes.

Mais pour ne rien faire, et le faire bien, il faut du calme, beaucoup de calme, et de la sérénité aussi. Le problème, avec vous les humains, c'est que depuis longtemps déjà vous vous êtes mis à faire beaucoup de bruit, beaucoup trop de bruit, de quoi nous empêcher de dormir alors que, quand on est un chat, s'il y a une chose avec laquelle il ne faut pas plaisanter, c'est bien le sommeil. Nous les chats, nous sommes ou nous étions de grands chasseurs, et nous avons gardé le besoin de dormir très, très longtemps, de jour comme de nuit. Certes, il ne faudrait pas croire, nous ne dormons pas tout le temps, nous nous réveillons la nuit, ou plutôt à l'aube et au crépuscule , entre chien et loup. Nous savons nous aussi être actifs, mais à bon escient, et modérément, comme il sied à des êtres souverains. Nous ne sommes pas des rois fainéants, non, ne croyez pas cela, même si les apparences pourraient vous faire croire le contraire ! Simplement, nous ne nous agitons pas comme vous inutilement, juste pour faire du vent. Nous, quand on bouge, c'est parce que cela en vaut le coup, ou que l'on ne peut pas faire autrement. Quoi qu'il en soit, retenez bien ceci : pour un chat, tomber dans les bras de Morphée et dormir comme un loir, c'est sacré !

Alors, avec toute votre agitation, vous commencez sérieusement à nous fatiguer. Cela fait même longtemps maintenant que vous nous fatiguez. Vous allez ici et là, vous chamboulez tout sans cesse, vous détruisez et vous construisez ou reconstruisez, vous déplacez ceci ou cela, vous vous tapez dessus, parfois vous nous criez même après (aucun respect !), comme si l'on ne vous entendait pas ou comme si l'on avait fait une quelconque bêtise ! Mais on est pourtant toujours sages comme des images, et on n'est pas sourds, non ! Alors, à quoi bon crier ? Comment voulez-vous que l'on garde notre sérénité dans tout ce boucan, toute cette vaine agitation ? Non, le tableau n'est vraiment pas pour nous aussi idyllique qu'il n'y paraît selon vous ! La vie de chat n'est décidément pas de tout repos. Quelle vie de chien (comme vous dites), plutôt !

Et que dire de la façon dont vous vous comportez avec nous dans la vie de tous les jours ? Tout d'abord, chez vous (comme vous dites), c'est chez nous ! Mais ça a du mal à entrer dans vos têtes ! Vous nous fermez les portes, vous tentez de prendre notre place dans le fauteuil, le canapé ou le lit. Il y en a même certains parmi vous qui osent nous en expulser quand on y est confortablement installés ! N'importe quoi, on aura tout vu, tout supporté ! Et ce n'est pas tout ! Quand on veut quelque chose, qu'on vous le demande gentiment en miaulant un peu ou en tournant autour de vous, pourquoi nous faites-vous toujours attendre, comme si l'on devait dépendre de votre bon vouloir ? On est les maîtres, non ? Trouvez-vous cela normal ?

Un autre exemple parmi tant d'autres : quand, dans notre gentillesse, on vous apporte un joli cadeau, comme une souris à moitié morte ou un piaf déplumé, pourquoi le jetez-vous aussitôt en poussant de grands cris ? Croyez-vous que cela nous fasse plaisir ? Admettez-le donc : c'est bien la preuve qu'il y a quelque chose qui cloche dans votre comportement ! Ça ne tourne pas rond, non !

Et encore, il y a plus ! Maintenant, il fait de plus en plus chaud, et je soupçonne que vous y êtes pour quelque chose. De toute façon, dès que quelque chose va mal, vous y êtes toujours pour quelque chose ! Nous les chats, la chaleur, cela ne nous dérange pas trop, c'est vrai, on aime bien se dorer au soleil ou auprès de la cheminée ou d'un radiateur, mais enfin, il y des limites à tout. Quand c'est trop chaud, c'est trop chaud ! Point trop n'en faut ! On n'a pas besoin de vous pour être dorés à point, on sait le faire très bien tout seuls. Vous, tout ce que vous réussissez à faire, c'est de dérégler la cuisson ! Les dérèglements, ça vous connaît, c'est un peu votre spécialité ! Et il n'y a pas que la chaleur ! S'il y a des inondations et que nous avons les pattes mouillées, vous y êtes aussi toujours pour quelque chose. Nous faire ça à nous qui avons horreur de l'eau ! Comment pouvez-vous ?... Je ne voudrais pas trop vous accabler, mais quand même ! Vous le mériteriez pourtant ! De toute façon, la liste de nos récriminations serait trop longue, ce serait trop fatiguant de tout mentionner. Alors, autant ne pas la commencer, ou plutôt la continuer. Bref ! vous êtes d'irrécupérables perturbateurs, et surtout de perpétuels empêcheurs de dormir en rond !

Mais que faire pour y remédier ? Nous les chats, on a beau être les maîtres du monde, nos pouvoirs sont limités par la nature, par vous-mêmes, par la force des choses, en somme. Que pourrions-nous donc faire pour que vous arrêtiez de vous agiter en vain, n'importe quand et n'importe comment ? Pour le savoir, pour trouver des solutions, il faudrait peut-être que l'on se réunisse et que l'on se mette à réfléchir, mais ce serait du travail, et du travail collectif en plus, ce n'est pas trop notre truc, on n'a pas que ça à faire, on a même bien mieux à faire (dormir, bien sûr). Alors ? Alors, heureusement, nous avons dans le monde entier des amis, des personnes qui nous aiment, qui se soucient de nous et qui sont prêtes à réfléchir pour nous. Les amis des chats (les ailurophiles, pour être précis, ou pour faire savant), des âmes de bonne volonté, ont compris le problème et ont décidé d'agir pour nous aider. Puisqu'il en est ainsi, je vais les laisser faire et aller dormir du sommeil du juste, pour un repos bien mérité. J'ai assez travaillé pour la journée. Maintenant, débrouillez-vous avec nos amis. Merci !

Mais qu'entends-je ? Il y a encore du bruit, toujours du bruit ! Comme une rumeur qui monte... Décidément, avec vous dans les pattes, impossible de dormir en paix ! Qu'importe ! Puisque, décidément, il n'y a pas le choix, je vais essayer de faire avec ! Je vous laisse donc avec nos amis (et ceux qui le sont moins), et avec les rumeurs qui courent ou qui ont pu courir à notre sujet.

II

La guerre des chats

Chez les chats, ça grognait et ça grondait. On voyait partout des gamelles renversées, des objets qu'ils avaient fait tomber, on entendait au crépuscule des feulements, ainsi que des cris, des grognements et miaulements désespérés, certaines personnes disaient qu'elles avaient vu des chats se réunir la nuit pour préparer leurs mauvais coups, les réseaux sociaux s'enflammaient, on ne savait pas ce qui se tramait, mais chacun était inquiet. Ceux qui gardaient la tête froide avaient beau dire que, statistiquement, il n'y avait rien d'anormal, qu'il y avait toujours eu un peu de casse à cause des animaux, la rumeur était lancée, on ne pouvait plus l'arrêter.

Selon ce que l'on racontait, les chats avaient déclaré la guerre, la guerre sainte, pour proclamer le califat des chats. Tout était parti, disait-on, d'Iran où des milliers de manifestants s'en étaient pris au régime des mollahs. Ils exigeaient d'en revenir à l'ancien régime, celui du Chah. (Le Chah était le titre du souverain de l'Iran avant la révolution de l'ayatollah Khomény et de ses sbires en 1979.) Le Chah de l'époque était décédé depuis longtemps, mais il y avait un prétendant au titre. Ses partisans idéalisaient tellement le régime du Chah qu'ils en étaient venus à scander partout haut et fort

« Le Chah est grand ! » au lieu du traditionnel et célèbre « Allah est grand ! » des religieux. C'était du moins la rumeur qui courait. Il y avait partout des manifestations monstres, non seulement en Iran, mais aussi dans d'autres pays, c'était impressionnant, cela avait de quoi frapper les esprits, tant dans le monde musulman qu'en dehors.

Les chats eux-mêmes, les vrais, avaient entendu l'appel au Chah, et ils s'étaient donc dit que l'heure était venue de proclamer le califat. Le califat ? Comment eussent-ils pu savoir ce que c'était ? Et pourquoi employer un terme lié à l'histoire islamique, alors que les partisans du Chah se disaient au contraire laïques ? On ne savait pas trop, c'était incohérent, mais on racontait que les chats avaient à leur tête un chat noir génétiquement modifié et diablement intelligent, et que lui, il savait, et qu'il savait ce qu'il voulait : la domination absolue sur le monde entier. Un chat noir – noir comme la tenue des mollahs, des religieux musulmans, d'où peut-être l'amalgame avec le califat. À supposer que les chats eussent pu faire le rapprochement en regardant les actualités à la télévision ou sur Internet.

Toujours selon la rumeur, ce chat s'appelait Satan, comme l'être démoniaque des religions monothéistes, l'instigateur des célèbres versets sataniques du Coran. On l'imaginait volontiers réunissant ses fidèles par une nuit sans lune dans un cimetière lors d'un sabbat des chats, comme au temps jadis, alternant tout la fois une voix douçâtre et un ton menaçant :

– Mes amis, mes très chers amis, il est temps que le monde se convertisse à la seule vérité qui compte, celle de la puissance souveraine du chat, car grand est le chat ! Depuis des siècles, les humains nous en font voir de toutes les couleurs, des vertes et des pas mûres, à nous qui sommes pourtant la paix incarnée et qui ne demandons qu'à dormir bien tranquillement dans un petit coin. Mais eux, ils s'agitent de tous côtés et, au lieu de nous vénérer, de nous adorer comme ils devraient le faire, ils s'en prennent à nous ! Pour pouvoir dormir, on doit rechercher le calme, un coin tranquille et, en plus, chaque jour, on doit quémander la nourriture, des caresses, voire un peu d'attention quand on en veut. Même pour ouvrir les portes qu'ils s'obstinent à fermer, il faut attendre patiemment leur bon vouloir ! C'est assez ! Cela n'a que trop duré ! La coupe est pleine ! Combien de fois les humains vous ont-ils réveillés, alors que vous dormiez sans demander rien à personne ? Non, ne comptez pas ! C'est toujours une fois de trop, et c'est proprement inadmissible ! Est-ce qu'on les réveille, nous ? Non, jamais ! Enfin oui, peut-être, ça peut arriver... Mais ce n'est en rien comparable ! Nous, on a un besoin vital de dormir, c'est dans notre nature profonde, nous sommes des chasseurs et des dormeurs, c'est notre nature. Mes amis, mes très chers amis, je vous le dis maintenant : tout cela doit cesser ! Nous avons été patients, très patients, mais il y a des choses qu'on ne peut plus tolérer ! Toutes les limites ont été dépassées ! Il n'y a plus qu'une solution : la guerre sainte ! Nous devons déclarer la guerre sainte pour convertir le monde entier à notre dévotion. Car grand est le chat ! La guerre sainte, ce ne sera que justice, car nous seuls détenons la vérité, la vérité qui sauve et qui apporte la paix. Le monde entier devra désormais être à nos pieds ! Se convertir ou périr ! Se soumettre ou se démettre ! Ici, et ailleurs ! Partout dans l'univers, la puissance souveraine des chats devra âtre reconnue, car grand est le chat ! Grand est son pouvoir ! Le chat est grand ! Allez, criez tous avec moi ! Le chat est grand ! Le chat est grand ! Allez, encore ! Le chat est grand ! Le chat est grand !

On racontait aussi que ce satané chat, ce chat satanique, avait des adeptes parmi les humains, prêts à l'adorer et à se sacrifier en son nom. De fait, on assista bientôt à des actes terroristes : des niches de chiens saccagées, des chenils vandalisés, des aliments pour chats volés et répandus dans les rues, des chats libérés des refuges, et mille autres actions de ce genre. La guerre ! C'était la guerre ! Tous ceux qui avaient des chats se demandaient ce qui allait se passer. De plus en plus inquiets, ils se mettaient à regarder longuement leurs chats, les yeux dans les yeux, pour essayer de comprendre ce qu'eux-mêmes avaient mal fait, ou ce qu'ils pourraient mieux faire pour rentrer en grâce auprès de leurs chéris à quatre pattes. Certains les interrogeaient même franchement, mais leurs chats restaient cois, ou se mettaient bêtement à ronronner, les laissant à leurs questionnements sans fin.

Les humains étaient d'ailleurs divisés. Il y avait les pour, et les contre. Pour ou contre quoi ? C'était compliqué. Certains étaient pour les chats en général, mais tous n'étaient pas pour des actions violentes. D'autres étaient bien contre la violence, sans être spécialement pour les chats. Les uns et les autres n'étaient pas d'accord sur les actions à entreprendre ou à ne pas entreprendre. Et puis il y avait encore les opportunistes, prêts à retourner leur veste selon le sens du vent. Tout n'était pas simple, ni d'une clarté évidente, mais ce qui l'était, c'était que l'on ne parlait plus que des chats, dans tous les milieux, partout et tout le temps. C'était devenu l'actualité du moment.

On soupçonnait des pays hostiles d'être derrière tout cela : on citait la Russie, la Biélorussie, la Corée du Nord, la Chine, l'Iran bien sûr, et tant d'autres encore. La rumeur faisait état d'une conjuration quasi planétaire pour déstabiliser les régimes qui voulaient pactiser avec les chats. Les réseaux sociaux mettaient aussi en avant des prophéties annonçant la fin du monde, et on ressortait tout à la fois l'astrologie et Nostradamus, la Bible, le Coran et d'autres écrits anciens de multiples cultures. On essaya bien aussi de recycler les prophéties mayas, mais rien à faire, la date de péremption était dépassée. On ressortit encore de vieilles affabulations selon lesquelles l'histoire du monde pouvait se découvrir d'après les dimensions de la grande pyramide de Giseh, mais cela ne prit pas. Par contre, il y avait toujours les prédictions de divers voyants, et puis des milliers de phénomènes naturels censés annoncer des jours sombres pour l'humanité. On parlait de signes célestes, de comètes, de conjonctions de planètes, ou encore d'astéroïdes fonçant vers la Terre, ou de terribles secousses telluriques. Bien sûr, on n'oubliait pas le dérèglement climatique, le manque d'eau ici, les inondations ailleurs, la canicule et tout le reste. Tout cela ne pouvait qu'annoncer des catastrophes imminentes auxquelles les chats ne pouvaient pas être étrangers. D'ailleurs, selon l'astrologie chinoise, c'était l'année du chat, et c'était bien là le signe que celui-ci était tapi derrière tout cela.

Pour ceux qui croyaient à un chef des chats, dans le monde de culture chrétienne celui-ci ne pouvait être que la Bête dont parle la Bible, car après tout, le chat lui-même était une bête. La Bête ne devait pas être tel ou tel homme, comme certains l'avaient cru jusqu'alors, mais bel et bien une vraie bête, et le chat était une vraie bête ! C'était simple et évident, cela sautait maintenant aux yeux ! Beaucoup se crurent assez experts pour décortiquer le texte de l'Apocalypse à leur manière. Celui-ci mentionne en fait deux bêtes. La première monte de la mer et est semblable à un léopard, mais avec des pieds comme ceux d'un ours, et une gueule ressemblant à celle du lion (vous voyez le tableau !). Le dragon lui donne son trône et sa puissance, et tous les habitants de la terre l'adorent. La seconde bête a deux cornes semblables à celles d'un agneau et parle comme un dragon. Elle exerce l'autorité de la première bête et oblige tout un chacun à l'adorer. Elle demande aux hommes de faire une image de la première bête et, selon la Bible, « il lui fut donné d'animer l'image de la bête, afin que l'image de la bête parle, et qu'elle fasse que tous ceux qui n'adoreraient pas l'image de la bête soient tués. Et elle fit que tous, petits et grands, riches et pauvres, libres et esclaves, reçoivent une marque sur leur main droite ou sur leur front, et que personne ne puisse acheter ni vendre, sans avoir la marque, le nom de la bête ou le nombre de son nom. C'est ici la sagesse. Que celui qui a de l'intelligence calcule le nombre de la bête. Car c'est un nombre d'homme, et son nombre est six cent soixante-six. »

Chacun y alla alors de son explication pour trouver un nom ou une phrase contenant ce nombre. Pour cela, il fallait se tourner vers les langues où les lettres ont une valeur numérique, comme en hébru, en latin ou en grec. De préférence en grec d'ailleurs, le livre de l'Apocalypse ayant été écrit dans cette langue. Jadis plusieurs noms avaient été proposés, selon les opinions de chacun : César-Néron en hébreu, le Romain (soit *Lateinos* en grec), Luther en latin ou, toujours en latin, le pape, vicaire du fils de Dieu (*Vicarius filii Dei*), ou encore Mahomet (*Maometis*, en grec), tous des noms dont la valeur numérique pouvait être de six cent soixante-six. À propos de la Bête en forme de chat, les propositions foisonnèrent, mais les exégètes remirent les choses en place quand ils rappelèrent que le texte mentionne un nombre d'homme, et non un nombre de chat. La Bête devait donc être un homme, mais avec un animal en lui. Un animal comme le chat noir...

Un individu à la fois homme et chat ? Un homme en forme de bête ? Il ne pouvait y en avoir qu'un (du moins chez les francophones, le jeu de mots n'existant qu'en français) : le Chah ! Oui, on en revenait encore au Chah ! Le Chah ou Shah (l'orthographe varie) est un titre royal utilisé, non seulement en Iran, où il désigne plutôt un empereur, mais aussi en Afghanistan, au Bengale, au Népal et dans l'Empire ottoman (via ses dérivés padichah et chahzadé). En Iran, la dernière impératrice était appelée par un autre dérivé, la chahbanou. Shah est aussi un nom de famille commun en Inde dans les communautés hindoues, jaïn et aussi musulmanes, comme au Pakistan. Il n'empêche, pour la plupart des personnes, le Shah ou Chah était et est encore avant tout associé à l'Iran et à l'ancienne Perse.

En Iran, le nouveau prétendant au titre de Chah, jugé démoniaque par certains en Occident en tant que la Bête, avait néanmoins ses partisans, on l'a vu. Dès lors, chacun se fit fort de trouver un nom comportant le titre du Chah, tout en ayant la valeur numérique de six cent soixante-six. Comme de multiples formules furent trouvées, elles furent toutes considérées comme autant de confirmations que la Bête, c'était le Chah, et donc le chat. Et ce fut le choc des civilisations. D'un côté, les partisans du Chah (et du chat), et de l'autre côté ses adversaires. Le monde était coupé en deux, et même en beaucoup plus que deux. La politique et la religion s'en mêlaient, des tendances opposées se rejoignant parfois dans chaque camp, ajoutant à la confusion générale.

Selon la rumeur, les chats avaient constitué une Légion des chats pour occuper les lieux de pouvoir. Une occupation somme toute paisible : il s'agissait d'entrer dans les locaux et d'y piquer une sieste prolongée, à la manière des chats. De fait, on vit bien deux ou trois chats ici et là dans les bureaux gouvernementaux. Cela suffit pour mettre le feu aux réseaux sociaux : leurs vidéos furent vues et revues un nombre incalculable de fois, ce qui multiplia les chats concernés, comme autant de chats virtuels s'ajoutant aux deux ou trois chats réels.

Mais que faire d'une armée de chats qui passe son temps à dormir ? Heureusement, les chats avaient leurs partisans pour défendre leurs intérêts. Un Front de Libération des Chats fut constitué pour regrouper tous les amis des chats. En réaction, un Front Antichats fut aussitôt créé. Chaque Front avait ses tendances qui elles-mêmes étaient prêtes à en découdre entre elles ou contre leurs adversaires. La confusion était telle que l'on avait de plus en plus de mal à s'y retrouver, à comprendre qui avait fait quoi, ou voulait quoi, et pourquoi. La ligne de front bougeait sans cesse, entre les victoires des uns et les défaites des autres. Elle passait partout, divisant aussi bien les pays que les couples et les familles. Les coups tordus ne manquaient pas, et personne n'était là pour redresser la barre. Plus rien ne filait droit, c'était la confusion la plus totale.

Cette guerre était aussi une guerre de religion. Dans les pays musulmans, le Chah s'en prenait aux mollahs et autres religieux. Il prônait la laïcité, la tolérance et l'amour des chats contre le fanatisme de certains croyants. En Occident, par contre, du fait que le Chah était vu comme la Bête de l'Apocalypse, l'incarnation du mal, l'enfant du diable, on en revenait chez certains à la phobie du chat noir du Moyen Âge. C'était un peu le monde à l'envers, et même si les amis des chats étaient encore très nombreux, majoritaires sans doute, un certain nombre de chats, surtout noirs, furent victimes de la folie meurtrière des hommes.

Dans les foyers, la division était telle, que l'on demandait même parfois aux chiens de trancher : fallait-il, oui ou non, céder sa place aux chats, la meilleure place, leur accorder plus de privilèges, plier devant leurs quatre volontés ? Les chiens semblaient partagés : d'un côté, ils étaient contre, ils ne voulaient personne entre eux et leurs maîtres, mais d'un autre coté, ils ne voulaient pas déplaire à ces derniers, si peu que ce fût, et si ceux-ci adoraient les chats, eux les chiens étaient prêts à s'effacer en douceur. En cela, ils voulaient rester fidèles à leurs maîtres en toutes circonstances.

Et pendant ce temps-là, les chats continuaient de dormir, soit dans les lieux de pouvoir pour deux ou trois d'entre eux, soit chez les humains dont certains pensaient encore être leurs maîtres. Mais de tels humains étaient de moins en moins nombreux : de plus en plus de personnes se rendaient maintenant compte que plus rien n'était comme avant, qu'une page s'était tournée, que l'ère des chats avait ou allait remplacer l'ère des hommes, la fameuse anthropocène. Celle-ci était niée par les scientifiques, pour des raisons qui leur étaient propres. Pourtant l'homme avait bel et bien refaçonné le monde à sa façon, et l'on pouvait dire que c'était plutôt en mal. Maintenant le jour des chats était venu, et l'on pouvait légitimement penser qu'ils transformeraient à leur tour la terre, mais plutôt en bien.

Une question demeurait cependant : les chats avaient-ils réellement mis en place une conjuration pour prendre le pouvoir ? Quel pouvoir ? Ne l'avaient-ils pas déjà ? Si, bien sûr, ils l'avaient déjà, mais de toute façon, ils étaient trop sages pour se disputer la vaine gloire du monde. Cette histoire de conjuration, ce n'était donc qu'une théorie du complot de plus.

Et pourquoi auraient-ils voulu le pouvoir, ou plus de pouvoir ? Ah oui ! le pouvoir pour pouvoir dormir en paix ! Eh bien ! ce n'était pas vraiment une réussite ! Certes, ils dormaient toujours, mais il y avait de plus en plus de bruit. Cette guerre des chats, ce n'était décidément pas leur guerre. C'était trop bruyant, et cela ne servait à rien. Les humains eux-mêmes s'en rendirent compte, et la guerre cessa, comme souvent, faute de combattants. Peu à peu, les rumeurs diminuèrent et finirent par disparaître, les unes après les autres, comme si les humains eussent enfin... d'autres chats à fouetter !

Et cela dans le monde entier. Car cette prétendue guerre des chats avait été comme une sorte de guerre mondiale d'un nouveau genre, une guerre civile au niveau mondial. Peu ou prou, tous les pays avaient été concernés, absolument tous les continents, sauf bien sûr l'Antarctique où il n'y avait pas un chat (sauf peut-être – qui sait ? – dans une base scientifique). Les pays des chats l'avaient été tout particulièrement, notamment le Japon, mais nous y reviendrons.

Cette guerre, cela n'avait été finalement que la guerre des amis des chats contre leurs ennemis, et inversement, le tout mêlé à la politique et aux religions des hommes. Cela n'avait été qu'une vague de rumeurs et de fausses nouvelles sur Internet, comme il en existe tant. En vérité, les chats, eux, n'y avaient même pas mis la patte : fidèles à leurs habitudes, ils dormaient ! Peut-être que d'un œil, mais ils dormaient !

III

L'amour et les chats

Le monde entier était en effervescence, tant en Occident qu'en Orient. Le Japon, culturellement entre les deux, n'était pas épargné. Un certain Yamamoto se sentit particulièrement concerné quand il entendit parler de la guerre des chats. Jeune, passionné d'informatique, il avait tout de ce que l'on appelle du mot bien peu français de *geek*. Yamamoto est un nom fréquent au Japon, aussi pour ne pas le confondre avec d'autres Yamamoto, l'appellerons-nous Neko sensei – comme il se faisait d'ailleurs appeler lui-même sur les réseaux sociaux. *Neko* voulant dire *chat* – on retrouve le terme dans le nom de la célèbre statuette du chat qui lève la patte, le maneki-neko – et *sensei* étant un titre ayant le sens de *professeur* ou de *maître.* Si l'on avait dû traduire son nom en français, Neko sensei se serait donc appelé le professeur Chat ou mieux, le professeur Le chat – plutôt que maître-chat... Il se prénommait Masato, et s'appelait donc officiellement Yamamoto Masato, selon la tradition japonaise qui veut que le prénom suive le nom.

En fait, Neko sensei n'était pas celui que l'on aurait pu croire. Il n'était pas professeur et n'avait même pas fait de longues études. Il en savait cependant assez dans certains domaines pour jouer au professeur sur les réseaux sociaux. Il se reconnaissait *geek*, mais sans donner à ce terme le sens négatif que l'on applique aux individus cyberdépendants se coupant de la société pour s'enfermer dans leur monde virtuel. Selon lui, le terme *geek* pouvait aussi concerner, de façon positive, non plus seulement les passionnés d'informatique, mais tous ceux qui s'évadaient par leur imaginaire dans les domaines qui les passionnaient et qu'ils partageaient avec leur communauté, comme les jeux vidéo, les jeux de rôle, la science-fiction, le fantastique et la fantasy (la fantaisie, en mauvais français).

Ce qui passionnait Neko sensei, c'était le chat, évidemment, mais pas seulement. Il se passionnait aussi par tout ce qui tournait autour : la biologie et les chats, la philosophie et les chats, la psychologie et les chats, la sociologie et les chats, et ainsi de suite (la liste serait trop longue s'il fallait tout préciser). Originaire de l'archipel d'Okinawa, mais installé sur l'île principale du Japon, près de Nara, Neko sensei s'était mis très tôt à chercher son ikigai. Ce terme vient de deux mots japonais : *iki,* qui veut dire vivre, et *kai,* qui peut se traduire, entre autres, par raison. Chercher son ikigai, c'est donc chercher sa raison d'être, ce qui procure la joie de vivre. Le trouver et vivre selon ses principes, c'est trouver un sens à la vie et s'assurer de trouver l'énergie et la confiance en soi pour la vivre pleinement. C'est s'accomplir, s'épanouir en poursuivant sa passion. Au Japon, le concept est cependant perçu différemment selon les régions. Dans son berceau d'Okinawa, on le perçoit effectivement comme ce qui motive pour se lever le matin : savoir pourquoi on se lève donne déjà envie de se lever. Ailleurs, le terme peut être employé plus légèrement pour tout ce que l'on aime : pour certains, boire une bonne bière, c'est déjà avoir trouvé son ikigai. Pourquoi pas, après tout, pour les esprits peu exigeants...

Neko sensei, lui, en tant qu'originaire de l'archipel d'Okinawa, prenait le concept au sérieux, comme ce pourquoi la vie valait la peine d'être vécue, une philosophie du bonheur pour avoir une longue vie en bonne santé. Il pensait, comme d'autres personnes, que c'était le fait de vivre selon son ikigai qui expliquait, en partie, la longévité des habitants de son archipel d'origine. C'est là en effet que les habitants vivent le plus longtemps et qu'il y a le plus de centenaires. L'hérédité, la nourriture traditionnelle, le tempérament et le style de vie y sont pour beaucoup, plus que l'ikigai sans doute, mais ce concept pris au sérieux n'est cependant pas à négliger car il peut aussi y jouer un rôle. Pour mieux comprendre Neko sensei, il est en tout cas nécessaire de développer ledit concept.

L'ikigai est souvent représenté par un schéma comportant quatre cercles qui sont tous imbriqués sur un côté. Ce schéma est généralement utilisé pour chercher un travail, mais il peut l'être bien au-delà, par exemple pour comprendre sa vie et y donner un sens.

Un premier cercle est consacré à ce que l'on aime.

Un second, à ce en quoi l'on est doué, aux talents que l'on a, naturellement, sans efforts particuliers de notre part.

Ces deux cercles se rencontrent dans le domaine de la passion. C'est l'activité que l'on aime faire et pour laquelle on est doué. C'est ce qui nous motive et nous anime au quotidien.

Un troisième cercle est consacré à ce que l'on fait comme travail, comme activité, à la valeur que l'on peut apporter.

Il rencontre le second cercle dans le domaine de la profession. C'est une activité pour laquelle on a les compétences et pour laquelle on peut être rémunéré (pas forcément en argent). C'est le domaine de l'utilitaire.

Un dernier cercle concerne ce dont le monde a besoin, ce que l'on peut lui apporter pour le changer, cela comprend les causes auxquelles on tient.

Il rencontre le troisième cercle dans le domaine de la vocation. La vocation, c'est ce qui rend chacun unique. Par rapport à la profession, il y a la notion d'aide que l'on apporte aux autres, sans en avoir dès le départ toutes les compétences. C'est donc répondre à un besoin par une activité pour laquelle on peut être rémunéré.

Ce dernier cercle rencontre aussi le premier cercle dans le domaine de la mission. C'est ce que l'on aime faire et qui apporte quelque chose au monde et à la société.

À noter que certains préfèrent mettre le mot mission à l'emplacement du mot vocation, et inversement. Cela peut aider à réfléchir différemment.

Les quatre cercles se rencontrent, ce qui crée au cœur même de l'ensemble, l'ikigai. Celui-ci correspond à la conjonction entre ce que l'on aime faire, ce que l'on sait faire, ce pour quoi l'on pourrait être payé (toujours pas forcément en argent), et ce dont le monde a besoin et que l'on peut lui apporter.

Comme disait Confucius : « Choisis un travail que tu aimes, et tu n'auras pas à travailler un seul jour de ta vie. » Ce serait certes l'idéal, mais des zones d'ombre ou des difficultés peuvent cependant apparaître, car le contraire serait trop simple.

Entre ce que l'on aime et ce pour quoi l'on est doué : on peut avoir un travail satisfaisant, mais sans impact, inutile donc.

Entre ce pour quoi l'on est doué et ce pour quoi l'on est payé : c'est la routine, c'est confortable, mais cela peut aussi être lassant, laisser un sentiment de vide.

Entre ce pour quoi l'on est payé et ce dont le monde a besoin : c'est l'enthousiasme, mais peut être avec un avenir incertain.

Entre ce dont le monde a besoin et ce que l'on aime : c'est le plaisir, mais sans un salaire suffisant ce peut être la précarité.

Le schéma montre en tout cas que tout est connecté. Pour trouver son ikigai, il faut donc se poser quatre questions principales qui entraînent d'autres questions dans une longue introspection :

– Qu'est-ce que j'aime faire ? Autrement dit : qu'est-ce qui me fait oublier le monde autour de moi quand je le fais, au point que je ne voie pas le temps passer ?
– En quoi suis-je bon ou doué ? Autrement dit : qu'est-ce que je fais de bien naturellement, sans trop d'efforts ?
– Pour quoi pourrais-je être payé ? Autrement dit : pour quel métier, quelle activité ? Qu'est-ce qui me tient à

cœur ?

– De quoi le monde a-t-il besoin ? Autrement dit : à quels besoins du monde, de la société, puis-je répondre ? Quelle cause qui me tient à cœur suis-je prêt à défendre ?

Et encore : quels sont mes rêves actuels ? Quels étaient mes rêves d'enfant ? Quelles sont mes valeurs, mes limites ? Pour quoi suis-je prêt à me battre ? Et mille autres questions...

Que de questions, en effet ! Des questions auxquelles Neko sensei avait répondu tout simplement et définitivement : son ikigai, c'étaient les chats ! Point ! Les chats à leur place idéale, naturelle : au cœur de tout ! Les chats qui cochaient toutes les cases, ou plutôt qui remplissaient tous les cercles : Neko sensei aimait s'en occuper et il était doué pour cela, il gagnait sa vie grâce à eux et il savait que le monde avait besoin des chats. Ceux-ci étaient sa passion, et il aurait pu en faire sa profession, en tant que vétérinaire ou toiletteur par exemple, mais sa vocation était de diffuser des vidéos sur les réseaux sociaux, ce qui lui rapportait assez pour vivre, grâce à la publicité. Enfin, sa mission était d'aider le monde à aimer les chats, afin que chacun pût trouver le bonheur avec eux. Avec les chats, tout était donc simple, clair, net. Bien sûr, comme en toutes choses, tout n'était pas toujours rose, même avec les chats il pouvait y avoir des moments de doute, d'incertitude, mais tout cela était oublié, effacé, quand lui et ses chats se regardaient les yeux dans les yeux. Il se sentait alors en communion avec eux : lui aussi, il était chat !

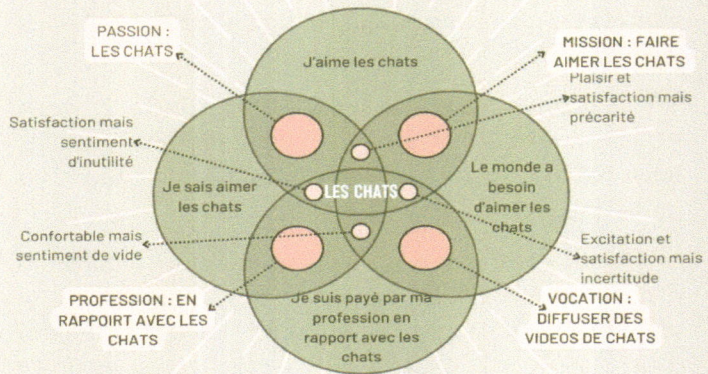

Neko sensei faisait de nombreuses vidéos qui rencontraient un énorme succès dans le monde entier, des vidéos qui charmaient, étonnaient ou émouvaient, qui faisaient sourire, rire ou pleurer, selon la sensibilité de chacun. En tout cas, aucune ne laissait les amis des chats indifférents. Les personnes qui le suivaient ne cessaient d'augmenter, tout était donc pour le mieux de ce côté-là. Dans ses vidéos, Neko sensei mettait en scène ses six chats : trois mâles, Sora (ciel, en français), Tama (bijou), Tora (tigre), et trois femelles pour respecter la parité, Chibi (petite), Hana (fleur) et Mitsu (lumière). Six chats ! Cela faisait beaucoup, mais quand on aime les chats, il est toujours difficile de s'arrêter. Heureusement, ses six chats étaient tous stérilisés et disposaient de beaucoup d'espace, car Neko sensei habitait à la campagne chez ses parents. Par contre et malheureusement, certains volatiles qui passaient dans le coin y faisaient leur dernier voyage. Neko sensei était toujours contrarié de trouver parfois quelque cadavre ailé, mais que faire ? Son amour des chats était trop fort pour leur interdire d'aller dehors accomplir leurs forfaits. Les souris, les mulots pouvaient y laisser leur peau, cela ne le contrariait pas trop, mais pour les oiseaux, les chats représentaient un fléau, et Neko sensei en était fort attristé.

D'où son idée d'améliorer les chats.

Améliorer les chats ! L'expression était on ne peut plus choquante, sacrilège même pour les amis des chats : comment pouvait-on penser pouvoir améliorer les chats ? N'étaient-ils pas déjà des êtres parfaits ? Des divinités incarnées ? Comment diable pouvoir croire améliorer des divinités ? Ne fût-ce qu'un tout petit peu ? L'idée était assurément diabolique, c'était pour ainsi dire faire entrer l'hérésie dans le sanctuaire, profaner la sainteté de leur culte, c'était carrément blasphémer ! Rien de moins ! Pourtant Neko sensei tenait à son idée. Selon lui, il y avait plusieurs pistes à creuser. Tout d'abord, il fallait résoudre le problème des oiseaux. Il fallait modifier l'instinct des chats, afin qu'ils laissent les oiseaux tranquilles au lieu de les chasser, sans même forcément les manger. Ensuite, l'apparence des chats pouvait être très légèrement modifiée pour leur en donner une allure encore un peu plus paisible, juvénile ou touchante, émouvante. Enfin, le ronronnement du chat pouvait être revu pour le rendre encore plus apaisant, reposant. Selon Neko sensei, tout cela pouvait être fait sans faire appel au génie génétique, seulement en sélectionnant les chats ayant naturellement ces critères, ou s'en approchant, et en les faisant se reproduire entre eux. Au bout d'un certain temps, il en résulterait de tout nouveaux chats, encore plus merveilleux que les chats d'origine.

Mais comment procéder ? Neko sensei ne pouvait pas compter sur ses propres chats, car ils étaient stérilisés. Heureusement, il connaissait un éleveur de chats fort sympathique qui habitait près de chez lui. C'était même son ami, son seul ami. Un ami qui avait trouvé lui aussi son ikigai dans les chats. Un ami qui avait en outre une jeune sœur, belle comme un cœur, que Neko sensei aurait aimé approcher, mais quand il allait chez son ami, cela ne se passait jamais comme il aurait voulu. Sauf un jour où son ami n'était pas là, alors qu'elle-même était là. Ils se retrouvèrent ainsi seuls, c'était l'occasion rêvée, mais Neko sensei, tout aussi surpris qu'intimidé, en resta bouche bée, oubliant par là même tout bêtement de dire bonjour.

– Konnichiwa (c'est-à-dire bonjour), lui dit alors simplement la sœur de son ami, en s'inclinant et en esquissant un léger sourire.

Tout confus et rougissant, Neko sensei bredouilla juste quelques mots pour s'excuser et dire qu'il reviendrait plus tard, et ce fut tout, il oublia même de s'incliner, mais c'était déjà un début. Rentré chez lui, encore tout ému, perdu dans ses pensées, il ne prêta même pas attention à ses chats qui pourtant lui tournaient autour. Il alla s'asseoir sur un banc, face à la campagne, et se laissa aller à rêver à des lendemains enchanteurs que la sœur de son ami illuminait de sa merveilleuse présence. Mais comment appeler la demoiselle de ses pensées ? Il ne savait même pas son prénom. Au Japon, c'est le nom de famille qui prime. Pour désigner une personne, on ajoute un suffixe à son nom ou à son prénom. Le plus courant est *san,* qui peut s'appliquer aux hommes comme aux femmes. Comme le nom de son ami et de sa sœur était Nakamura, le professeur pouvait donc appeler Nakamura san la demoiselle de ses pensées, autrement dit Mademoiselle Nakamura. Mais cela restait impersonnel : il pouvait aussi appeler ainsi – Nakamura san – tout autre membre de sa famille, y compris de manière quelque peu formelle son ami, même s'il l'appelait plutôt tout simplement par son prénom Kenta. En fait, le suffixe *san* est si neutre qu'il peut aussi s'employer pour un animal, une profession, un magasin, un aliment... *Chan* est un autre suffixe employé par les petits Japonais. C'est une déformation de *san* chez les enfants. Mais le terme est aussi utilisé par les adultes dans un sens plus affectueux. Dans l'esprit de Neko sensei, Nakamura san devint donc vite Nakamura chan.

Neko sensei avait déjà vu plusieurs fois la jeune fille, enfin il l'avait plutôt entrevue pourrait-on dire, tant cela avait été furtif, mais là, c'était comme une première fois, une apparition aussi inattendue que ravissante. Ravi, il l'était vraiment, au point de ne plus penser qu'à elle, sa Nakamura chan, sa Nakamura à lui, alors même que ses chats commençaient à s'impatienter à ses pieds, tout en émettant de petits miaulements hésitants. Même eux trouvaient que leur maître n'était pas tout à fait dans son état normal.

Neko sensei se leva brusquement, au risque de bousculer ses petits protégés.

– C'est assez ! s'exclama-t-il, oublions tout cela !

Mais rien n'y fit. Il essaya bien de faire une vidéo avec ses chats, mais le cœur n'y était pas. Même eux ne semblaient pas y croire, et aucun n'y mettait de la bonne volonté. Tous restaient sérieux comme des moines, impassibles, stoïques, ne faisant aucun geste, aucune mimique qui eussent pu retenir le moindre intérêt des habitués des réseaux sociaux. À regret, quoique en même temps soulagé, Neko sensei décida de tout arrêter pour la journée. Il rangea son matériel, caressa rapidement trois de ses chats, dédaigna le quatrième qui ne s'était pas assez vite rapproché de lui, et partit errer sur les chemins en songeant à sa belle.

Il revint chez lui trois heures plus tard, alors que la nuit était tombée. Ses parents s'étaient d'autant plus inquiétés que c'était la nuit noire, sans le moindre morceau de lune pour éclairer la campagne. Ils s'inquiétèrent encore plus quand leur fils ne montra aucune appétit lors du repas du soir, pourtant un plat succulent qu'il appréciait toujours. Sa mère l'avait préparé avec amour à son intention, elle le lui précisa d'ailleurs, mais non, cela ne passait pas, même en se forçant un tant soit peu. Neko sensei s'excusa, prétendit un mal de tête, et se retira dans sa chambre. Dans le calme de celle-ci, il essaya de dormir, mais le sommeil le fuyait, décidément il ne pouvait s'empêcher de penser à elle, son rêve, l'obsession de ses pensées dont il ignorait presque tout, notamment son prénom.

Le lendemain, dès le matin, il décida d'aller voir son ami. Il espérait et craignait tout à la fois de se retrouver en présence de Mademoiselle Nakamura, mais non, elle n'était apparemment pas là. Après les salutations d'usage, il entra dans le vif su sujet... c'est-à-dire les chats ! (Il n'osait pas parler de Mademoiselle Nakamura, du moins pas si vite !)

– Écoute, Kenta, j'ai longuement réfléchi à cela, le monde va mal, et je crois que tous les deux on pourrait, on devrait même, faire quelque chose pour l'améliorer.

– Wao ! répliqua Kenta, ce qui pourrait se traduire par : Houlà ! Super ! (s'il fallait vraiment traduire...)

Neko sensei crut percevoir un peu d'ironie dans l'interjection de Kenta, mais ce n'était pas bien méchant. C'était même plutôt gentil, une petite forme d'humour. Ils se connaissaient d'ailleurs assez l'un l'autre pour se parler franchement, sans fioritures. En japonais, il existe deux façons de parler la langue, selon les règles de politesse : le japonais que l'on peut dire poli, justement, et le japonais plus familier – celui qu'ils employaient tous deux entre eux, et qui équivaut au tutoiement. Neko sensei continua donc, sans se formaliser :

– Je suis sérieux, Kenta ! Comme toi, j'adore les chats et tout ce qu'ils représentent. Tout le monde les adore ! Les Japonais sans doute plus que d'autres, mais le monde entier pourrait être à leurs pieds et cela pourrait apporter la paix, pour peu qu'on leur en donne les moyens !

– Comment cela ?

– Il faudrait faire en sorte que tout le monde, même les personnes les plus hostiles ou indifférentes – car il y en a encore quelques-unes ! – tombent sous leur charme ! Le charme enchanteur des chats ! Les chats sont naturellement paisibles – ils pensent surtout à dormir et aussi à manger, ils savent apprécier la vie – alors ils pourraient être des modèles de paix, des initiateurs, des facilitateurs de paix. Et tout cela naturellement, car c'est dans leur nature même d'apporter la paix.

– D'apporter la paix ? Rien de moins ? Vraiment, tu crois ça ?

– Oui, Kenta, d'apporter la paix, ou du moins de nous en montrer le chemin. Le chemin de la sérénité. C'est la sérénité qui règne dans les foyers où les chats sont maîtres. Il faudrait qu'il en soit ainsi dans le monde entier. Toi qui connais bien les chats, tu sais toute la joie qu'ils peuvent apporter, tant chez les enfants que chez leurs parents. Si l'on pouvait développer cette influence chez les personnes qui leur sont encore réticentes, cela pourrait changer la face du monde. Cela serait une force de paix, encore plus efficace que tout ce que l'Office des Nations Unies a jamais conçu, et je pèse mes mots !

– Wao ! Je ne sais quoi dire !

Neko sensei sourit de satisfaction, puis reprit :

– Songe que les chats peuvent former une armée considérable. Ils seraient au moins six cents millions dans le monde, en comptant les chats errants ou sauvages. C'est moins que les chiens qui seraient dans les neuf cents millions, mais les chiens ne pourraient pas convenir pour une opération de paix comme je l'imagine. Ils sont beaucoup trop variés, que ce soit en taille ou en tempérament.

– Je suis bien d'accord avec toi !

– Ravi de te l'entendre dire, Kenta ! De toute façon, les chats sont aussi répandus que les chiens, dans tous les pays du monde. Tiens, je connais bien les statistiques, valables pour les chats domestiques et peut-être pour les autres aussi : c'est aux États-Unis qu'ils sont les plus nombreux, puis en Chine où ils le sont presque moitié moins. Ensuite viennent la Russie, le Brésil, l'Allemagne, la France, le Royaume-Uni, l'Italie, l'Ukraine et le Japon, juste devant le Canada.

– Dis donc, ce n'est pas terrible pour le Japon ! Je croyais qu'on adorait les chats !

– Cela fait quand même dans les neuf millions de chats ! Certes, le Canada en a presque autant pour une population humaine beaucoup plus faible. Mais au Canada il y a beaucoup plus d'espace, des logements plus grands, tandis qu'au Japon, on est, disons, un peu plus serrés ! On manque de place ! Et n'oublie pas que chez nous les chats et autres animaux de compagnie sont souvent interdits dans les logements. Mais il n'empêche que, nous les Japonais, on adore vraiment les chats ! Comme d'autres pays, on est plus chats que chiens. D'ailleurs, par rapport au nombre d'habitants, on passe avant la Chine, même si l'on reste après les États-Unis et les grands pays d'Europe, dont l'Ukraine et la Russie. Tu le sais, les chats symbolisent ce que l'on peut espérer de mieux : la chance, la bonne fortune, tout ce qui est positif. Et ceux qui n'en ont pas chez eux peuvent avoir des statuettes de maneki-neko, notre chat porte-bonheur national, ou aller dans des bars à chats. Ou encore regarder des vidéos de chats...

– Ah ! ça, avec tes vidéos, tu as trouvé le bon filon !

Neko sensei sourit une nouvelle fois de satisfaction, avant de reprendre :

– Les chats sont donc partout ! Et ils pourraient former une armée considérable, comme je te l'ai dit. Une armée pour la paix, bien sûr. À condition qu'ils soient préparés pour cela. Comme toute armée, l'armée des chats aurait besoin d'un bon entraînement. Par contre, ils n'auraient pas besoin d'un quelconque équipement supplémentaire : même à poil, ils ont déjà tout ce qu'il faut pour ravir les cœurs !

Son ami Kenta sourit et applaudit gaiement des deux mains :

– Bravo ! Bravo ! Mais si je peux me permettre : comment vas-tu dresser ton armée de six cents millions de chats ? Voire quelques millions en plus, s'ils sont plus nombreux ? Sans rire, il te faudrait des milliers et des milliers de dresseurs !

– Je ne vais pas dresser six cents millions de chats, ni même un seul ! Non, de toute façon on ne dresse pas les chats, tu es bien placé pour le savoir. Tout au plus, peut-on arriver à des arrangements avec eux.

– Des arrangements ?

– Tu es éleveur de chats, tu vas comprendre. En sélectionnant tes chats pour la reproduction, tu obtiens les chats les plus beaux de la région pour chaque race. Imagine maintenant que tu les sélectionnes aussi bien pour leur physique que pour leur caractère. Pour leur physique, il faudrait que cela ne soit plus en fonction de leur race, mais pour créer en quelque sorte des chats qui émeuvent encore plus, qui soient encore plus touchants, charmants, dont on ne puisse pas se lasser de les caresser, et qui fassent oublier aux hommes toutes leurs velléités de disputes stériles ou de vaines ambitions malsaines. Et des chats qui soient eux-mêmes pacifistes, bien sûr, au point d'en oublier leur nature qui est de chasser les oiseaux ! Et enfin, des chats dont le ronronnement aurait un effet encore plus apaisant chez les humains que leur ronronnement actuel ! Des chats qui seraient au final tellement gentils et adorables qu'ils feraient craquer les cœurs les plus fermés, les plus récalcitrants ! Des chats pour la paix et le bonheur !

– Eh bien, mon ami, quel programme ! Mais tu me prends pour un dieu si tu crois qu'à moi seul je pourrais faire tout ça ! Je connais bien quelques autres éleveurs, mais le Japon n'est pas le monde entier !

– J'ai tout prévu, Kenta ! Tu fais de ton mieux en sélectionnant les chats selon ces nouveaux critères, je viens faire des vidéos chez toi, et je montre au monde entier ce que tu fais. Nul doute que cela fera des émules partout dans le monde ! Des tas de petits Kenta qui voudront faire tout pareil !

– Et que fais-tu des six cents millions de chats ou plus qui existent dans le monde et qui ne sont pas aussi merveilleux que tu le voudrais ?

– Mais tous les chats sont merveilleux ! Et ce serait illusoire de vouloir les dresser à être plus ceci et moins cela ! Non, mais on peut lancer la mode d'une nouvelle génération de chats qui soient plus ceci et moins cela. Quant aux autres, les six cents millions, si l'on ne compte que les chats domestiques, ils ne seraient pas six cents millions, mais autour de quatre cent soixante-dix millions. Ils pourront en tout cas servir de source d'inspiration en attendant que les nouveaux chats à la mode se répandent. Et puis, ils suivront peut-être leur exemple. Qui sait ?

– Les nouveaux chats ? Mais on ne fait pas de nouveaux chats comme on lance une nouvelle mode ! Les chats ne sont pas des vêtements ! Ce sont des êtres vivants ! Je crois que tu t'emballes un peu vite, professeur Masato !

Seul son ami Kenta l'appelait ainsi, quand il voulait se moquer un peu de lui. Ledit professeur Masato, alias Neko sensei, ne le prenait pas mal, et il ne le prit pas mal cette fois non plus. Peut-être qu'il se faisait effectivement des idées, qu'il était un peu trop rêveur, naïf même, certainement d'ailleurs, trop ambitieux aussi, mais après tout, c'était son métier de faire rêver les gens avec les chats, de les enchanter avec de passionnantes vidéos. Il voulait simplement aller un peu plus loin, beaucoup plus loin, terriblement loin !

– Écoute, Kenta, reprit-il, tu n'ignores pas qu'avec Internet, une mode peut se répandre à une vitesse incroyable ! Si une mode peut apporter quelque chose de positif au monde, il faut tenter de la lancer ! On ne risque rien à essayer ! Si on gagne, c'est le monde qui gagnera ! Plus de paix, plus de sérénité, le monde en a bien besoin ! Et à notre échelle, on peut y contribuer ! N'est-ce pas super ?

– OK ! OK ! approuva Kenta.

Neko sensei battit des mains comme un enfant tout content, puis reprit :

– C'est même plus profond qu'une mode à lancer ! C'est toute une philosophie, un art de vivre : il faut convertir le monde entier pour que celui-ci fasse des chats son ikigai ! À nous d'agir, Kenta kun !

Kun est un autre de ces suffixes que les Japonais utilisent après un nom ou un prénom, comme *san*, mais entre garçons. Kenta l'employa également pour répondre à Neko sensei :

– Alors, Masato kun, à nous deux le monde !

Les deux amis discutèrent encore longtemps sur les modalités à envisager pour améliorer tant soit peu l'espèce des chats, et pour diffuser la bonne parole de l'ikigai. Neko sensei fit même durer la discussion plus que nécessaire, dans l'espoir d'apercevoir la demoiselle de ses pensées, la sœur de Kenta. Mais ce fut en vain : elle ne vint pas, et il n'osa pas parler d'elle à son ami. Il était sur le point de se retirer quand Kenta fit soudain allusion à elle :

– Tout ce que tu me demandes, cela va faire beaucoup, de travail ! Heureusement que maintenant je peux compter sur Kagami !

– Kagami ?

– Oui, Kagami, ma sœur ! Ne fais pas l'étonné, je t'en avais parlé un jour ! Mais c'est vrai, tu n'as jamais dû la voir ! Elle m'aide maintenant avec les chats, car avant même que tu me parles de ton projet, j'avais envisagé de développer mon élevage, et un peu dans le sens que tu viens de dire. Comme quoi les grands esprits se rencontrent ! Écoute, ma sœur n'est pas là, mais la prochaine fois qu'on se verra, je lui dirai de venir nous rejoindre. Ça te va ?

Neko sensei approuva d'un ton neutre : il ne voulait surtout pas montrer le trouble qu'il ressentait à la pensée de revoir Kagami. Kagami ! Il connaissait enfin son prénom, et il le trouvait très beau. En japonais, *kagami* veut dire *miroir*, et le professeur trouvait que c'était un prénom qui allait à ravir à la demoiselle de ses pensées. C'était le miroir de son âme, le reflet de son propre être, et tout un monde merveilleux qui allait s'ouvrir devant lui s'il parvenait, comme dans un célèbre conte, à passer de l'autre côté du miroir.

Kenta le rappela soudain à la réalité :

– Oh ! Masato, tu rêves ? Tu me sembles parti bien loin, perdu dans tes pensées !

Masato, alias Neko sensei, s'excusa en souriant, et dit au revoir à Kenta, après que tous deux furent convenus d'une date pour leur prochaine rencontre. Rentré chez lui, il ne put s'empêcher de rêvasser à Kagami, tout en songeant à ses projets pour les chats. Que Kagami s'intéressât maintenant aux chats et en fît son ikigai, c'était le rêve devenu réalité. Un rêve qu'il n'aurait même pas cru possible. Elle et lui avaient donc le même ikigai, le même but dans la vie, servir l'humanité grâce à leur amour des chats. Certes, si Kagami s'occupait maintenant des chats, cela ne voulait pas forcément dire qu'elle les aimât passionnément. Mais il n'en doutait pas, il ne pouvait en être autrement : ils devaient tous deux partager les mêmes amours !

Les jours suivants, il orienta davantage ses vidéos pour montrer comment l'amour des chats pourrait rendre le monde meilleur. Le succès fut au rendez-vous, avec toujours plus d'abonnés pour ses sites sur Internet, et de meilleures recettes publicitaires. Tout allait donc bien de ce côté-là, mais il savait que ce qu'il faisait, c'était le plus facile. Sélectionner les chats pour les rendre encore plus charmants était autrement plus long et difficile, il n'en doutait pas et le comprenait fort bien. Quand il revit son ami Kenta, il le lui dit d'emblée, après un rapide bonjour :

– Ce que tu fais n'est pas facile, je le sais, Kenta. Mais as-tu pu déjà choisir des chats qui seraient aptes à avoir une descendance selon nos désirs ?

– Oh ! doucement, Masato ! répondit Kenta. En matière de désirs, je ne contrôle pas la libido des chats ! Il faut d'abord que ces dames ou demoiselles soient en chaleur. Et encore ne te plains pas : heureusement que le côté romantique n'entre pas trop en ligne de compte chez les chats ! Sinon, il faudrait attendre que chacun rencontre sa chacune et en tombe amoureux !

– Ce serait pourtant charmant !

– Assurément ! Mais on ne va pas, en plus, refaire le monde ! Oui, je sais, c'est ce que tu veux et c'est ce que je veux ! Mais cela ne veut pas dire qu'on y arrivera pour la libido des chats ! En tout cas, viens, je vais te présenter les premiers sélectionnés.

Les deux amis allèrent admirer les heureux élus : trois couples de superbes chats, beaux comme des dieux et charmants à faire fondre les cœurs les plus endurcis. À priori, ils semblaient aussi affectueux qu'ils étaient ravissants : trois couples de chats parfaits sous tous rapports, en somme.

– Comme toi, reprit Kenta, j'ai contacté des collègues pour leur faire part de notre projet. On est maintenant plusieurs à travailler dessus. À vrai dire, et comme je te l'avais dit, ce qu'on va faire, c'est déjà ce qu'on fait depuis toujours. Ce qui est nouveau, c'est la philosophie qui l'entoure, et la volonté de sélectionner des chats qui pourraient à terme changer le caractère des humains. Et c'est cela qui change tout ! D'ailleurs, à propos de philosophie, ma sœur Kagami voudrait te parler. Elle s'est entichée du naikan et voudrait t'en parler.

– Du quoi ?

– Du naikan. Mais tu verras ça avec elle. D'ailleurs, la voilà qui arrive ! Moi, je vous laisse, je dois m'occuper des autres chats, mais on se revoit plus tard.

Neko sensei se retourna, et il la vit, tout aussi belle et radieuse que lors de leur dernière rencontre. Comme la fois précédente, il en perdit ses moyens et ne put lui dire bonjour de façon convenable. Cela amusa fort Kagami qui le salua poliment en s'inclinant, puis enchaîna aussitôt :

– Puisque nous devons travailler ensemble, on ne va pas faire de manières entre nous. J'aime bien les traditions japonaises, mais elles sont parfois un peu lourdes. On pourrait se parler plus simplement, amicalement. D'accord ?

Au Japon, on l'a vu, la façon de parler change selon les personnes auxquelles on parle, selon leur statut social, leur âge et leur sexe. Les jeunes sont naturellement un peu plus souples sur le respect des règles, d'où la remarque de Kagami.

– D'accord ! approuva Neko sensei. Cela ne me pose aucun problème.

– Alors, on peut se dire bonjour et au revoir à l'occidentale, sans faire de manières. Et donc : bonjour, Masato !

– Eh bien, bonjour Kagami !

Les deux jeunes sourirent d'un air complice. Selon la tradition du pays, ils devaient éviter tous les contacts physiques, comme les bises ou les poignées de mains. Ils n'osèrent donc pas en faire plus. Après un petit moment d'un silence un peu gênant, Neko sensei reprit :

– Je suis heureux que tu aies fait des chats ton ikigai, car c'est bien le cas, je pense, non ? Je suis sûr que c'est le cas !

– Oui, bien sûr, rassure-toi, Masato, les chats, c'est tout pour moi, ou presque ! C'était l'évidence même que cela soit mon ikigai. C'était mon rêve d'enfant. Mais quel métier choisir qui soit en relation avec les chats ? J'ai voulu faire des études, devenir vétérinaire, et découvrir le monde aussi, mais finalement je suis restée ici, près de Nara, et je ne suis pas devenue vétérinaire. C'est tout juste si j'ai voyagé par la pensée, par l'étude. J'ai appris l'anglais à l'école, comme toi je suppose, et le français par des cours en ligne. J'aurais aimé visiter l'Europe et l'Amérique, mais c'était loin et cher, et ça l'est toujours d'ailleurs ! Et quant au travail, j'ai fait du toilettage pour chiens et chats, ainsi que du gardiennage. Mais quand mon frère m'a proposé de travailler avec lui, j'ai sauté sur l'occasion sans hésiter ! Une occasion en or : travailler chez soi et en famille, dans un cadre idyllique, comme dans un rêve enchanteur !

– Quelle chance ! s'exclama Neko sensei. Mais moi aussi, j'ai compris très tôt que mon ikigai, c'étaient les chats. Et je dois dire que cela m'a réussi. En tout cas, je suis ravi que nous puissions tous trois, avec ton frère, travailler sur le même ikigai.

– Pour nous, reprit Kagami, le chemin ne fut pas habituel. Trouver son ikigai demande souvent un long travail d'introspection. Pour beaucoup de personnes, ce n'est pas inné, elles peuvent penser avoir trouvé leur ikigai, mais ce n'était pas le bon, ou leurs goûts changent avec l'âge. C'est un peu comme en amour : tout le monde ne trouve pas du premier coup son partenaire pour la vie, surtout de nos jours où les mariages ne sont plus des mariages arrangés.

En entendant parler de mariages, Neko sensei sursauta intérieurement. Assurément, il se voyait déjà marié à Kagami. Mais ce n'était qu'en rêve, de là à lui déclarer sa flamme dès maintenant, c'était sans doute prématuré. Il ne fallait pas s'enflammer, non… Mieux valait aborder un autre sujet. Il se rappela alors ce que lui avait dit son ami Kenta :

– Ton frère m'a dit que tu voulais me parler d'une philosophie, si j'ai bien compris ?

– Ah oui ! Du naikan ! Appelle le naikan comme tu veux, on peut considérer cela comme une philosophie ou une thérapie. Le naikan est issu du bouddhisme, mais il n'a rien de religieux si on le pratique pour lui-même. C'est l'art de l'introspection. Il consiste à se voir avec l'œil de l'esprit. C'est comme escalader une montagne pour mieux voir notre vie, où nous en sommes, ce que nous avons ignoré, ce que nous avons à découvrir. Il s'agit de faire le point pour mieux voir nos besoins, voir si nos relations avec les autres sont comme elles devraient être, quel sens a notre vie à tel instant. C'est un art qui est très utile aux personnes qui ont des problèmes, aux anxieux, aux dépressifs, aux personnes qui subissent des crises ou des changements dans leur vie, mais cet art s'adresse aussi à tout le monde. Il peut nous aider à mieux comprendre notre responsabilité dans divers problèmes pour nous permettre d'agir, de valoriser qui nous sommes et ce qui nous entoure, afin que nous soyons plus reconnaissants. En pratique, il s'agit de se poser trois questions : Qu'ai-je reçu d'un tel ? Qu'ai-je donné à un tel ? Quels problèmes ai-je causés à un tel ? Tout est là ! Comme disait un philosophe : « Vos visions ne deviendront claires que lorsque vous pourrez regarder dans votre propre cœur. Qui regarde dehors, rêve ; qui regarde à l'intérieur, se réveille. »

Neko sensei, subjugué par tant de science, se hasarda à demander :

– Et cela s'applique aussi à nos relations avec les chats ?

– Bien sûr, Neko sensei !

Neko sensei sursauta en entendant son surnom. Il ne savait pas trop si Kagami l'avait prononcé pour plaisanter ou non. Jusqu'alors, elle l'avait appelé par son prénom, ce qu'il préférait de la part de l'élue de son cœur. Il lui répondit donc :

– Appelle-moi par mon prénom : Masato ! Neko sensei, c'est juste mon surnom pour les vidéos. Je ne suis ni chat, ni professeur !

– À ta guise, Masato ! Première question : qu'ai-je reçu de tel chat ? Il faut voit tout ce qu'il nous donne : des ronrons, de l'attention, de l'affection, du bonheur. Il faut le reconnaître et savoir exprimer sa gratitude envers lui. Sans oublier toutes les personnes qui y ont contribué, le cas échéant : la personne qui a élevé le chat, celle qui te l'a donné, celles qui ont fabriqué sa nourriture, qui l'ont soigné et ainsi de suite. Deuxième question : qu'ai-je donné à tel chat ? Cela interroge sur notre équilibre de vie. Il ne suffit pas de recevoir, il faut aussi savoir donner et savoir exprimer sa gratitude, pour les chats comme pour tout le monde. Dernière question : quels problèmes ai-je causés à tel chat ? Il faut voir toutes les difficultés ou contrariétés que nous avons pu lui causer. Pour les chats, cela peut être limité : par exemple, une parole méchante, blessante (s'ils ne comprennent pas forcément le japonais, ils remarquent l'intonation !), un geste brusque ou de la nourriture donnée en retard (ce qu'ils n'aiment pas!). Il s'agit de voir et d'accepter notre responsabilité dans toutes nos actions. Nous faisons partie d'un tout où tout est lié, c'est pourquoi notre rapport avec les autres est fondamental. Le naikan, c'est mener une vie d'équilibre et de gratitude, c'est savoir donner et recevoir sans nuire. Tout un programme ! Et qui est complémentaire de l'ikigai qui, lui, concerne le sens que nous voulons donner à notre vie.

– Wao ! s'exclama Neko sensei, tu es une vraie philosophe !

– Non, juste une passionnée de la vie et du savoir. Sur Internet, j'ai beaucoup appris, en faisant le tri parmi tant de contre-vérités. Mon frère me traitait de *geekette*, tellement j'étais sur Internet, alors je suis sortie pour découvrir la vie, et j'ai découvert que les chats que je connaissais dedans sur les écrans existaient aussi dehors ! Ce fut une révélation !

– Tu étais donc une vraie geekette ?

– Non, quand même pas, je plaisante ! Mais j'étais assez introvertie, c'est vrai ! Maintenant, je fais partie de ceux qu'on pourrait appeler, en français, les *chatrovertis* ! Ni introvertis, ni extravertis, ou l'un et l'autre, ils sont avant tout tournés vers les chats ! J'aime bien les jeux de mots en français. Certains parlent ainsi de *chatresseux* pour des chats paresseux qui ont pour devise : « Pour être heureux, vivons couchés ! » J'ai même lu que notre mot pour désigner un couple d'amoureux, *abekku,* vient du français *avec.* On l'emploie dans le sens de venir avec quelqu'un, mais le mot est un peu démodé. Le *randebū,* du français *rendez-vous* ne l'est pas : c'est un rendez-vous amoureux.

Neko sensei ne put s'empêcher de penser à ce que serait, à ce qu'allait être sa vie *avec* Kagami. *Avec* elle, oui, il voulait, il allait former un abekku qui durerait à jamais, un abekku éternel !

– Je parle trop ! Cela n'est vraiment pas bien convenable !

Neko sensei sourit à cette remarque. Kagami parlait beaucoup, certes, mais il buvait ses paroles comme un délicieux nectar.

– Ne crois pas, reprit-elle, que je sois étrangère aux règles japonaises de la bienséance. Bien au contraire ! La politesse, la modestie, la propreté, la ponctualité, et le respect de l'autre en général : que demander de mieux, en effet ? J'aime bien aussi la façon japonaise d'éviter de se mettre en avant. Tu dois avoir du mal à me croire, non ?

– Mais non ! s'exclama Neko sensei en souriant.

– Je ne sais pas ! Si j'ai beaucoup trop parlé, c'était juste pour faire connaissance. Kenta m'a beaucoup parlé de toi, je te connais plus que tu ne me connais. Mais l'important, de toute façon, c'est ce que nous allons faire pour les chats. Ou plutôt ce que nous allons faire avec les chats pour le bonheur du monde. Car tel doit être notre but, là où l'ikigai et le naikan se rejoignent !

Neko sensei applaudit en souriant, ce qui fit rire Kagami. Puis il reprit à son tour :

– La philosophie, c'est bien. Mais les hommes ne se comportent pas toujours selon leurs bons principes. On a vu ça au Japon et ailleurs. Maintenant, on est pacifistes, et c'est tant mieux ! Et puis, il aura aussi fallu du temps pour que les hommes commencent à comprendre les animaux. Surtout en Occident. Grâce à la science, on sait désormais qu'ils sont doués de bien plus d'intelligence et de sensibilité qu'on ne le pensait. Avant, on opposait trop facilement l'être humain guidé par la raison à l'animal guidé par l'instinct. Aujourd'hui, on sait que ce n'est pas si simple ! On établissait aussi une hiérarchie parmi les animaux : les parasites tout en bas, puis les invertébrés constituant la grande majorité de la biodiversité animale, puis les vertébrés au-dessus, avec parmi eux les mammifères en haut, dont l'homme tout en haut de la pyramide.

– Ou le chat !

– Ou le chat, c'est vrai Kagami ! Chacun son opinion ! En tout cas, on se rend maintenant compte que l'intelligence humaine n'est qu'une intelligence parmi d'autres, et que toutes les intelligences sont adaptées à leurs modes de vie. Il est donc fallacieux d'établir une hiérarchie avec l'homme tout en haut.

– Mais le chat, quand même, il est tout en haut !

– Si tu veux, Kagami ! Il aime bien aller en hauteur ! Mais toute plaisanterie mise à part, c'est là une histoire passionnante ! Laisse-moi te raconter ce que j'ai appris pour mes vidéos ! Tout a commencé il y a une soixantaine d'années quand une primatologue a observé un chimpanzé qui utilisait un bâtonnet pour l'introduire dans une termitière afin de manger les insectes qui s'y étaient accrochés : l'homme n'était donc pas le seul à utiliser des outils ! Depuis, on a vu d'autres animaux faire de même, ou utiliser plusieurs outils dans un ordre précis. À Bali, des macaques volent des objets aux visiteurs, et ils ne les leur rendent qu'en échange de fruits ou de noix. Et ils savent qu'il faut demander plus si l'objet a plus de valeur ! Mais il n'y a pas que les primates ! Les corbeaux, notamment, ont stupéfié les chercheurs. Ici, au Japon, ils jettent des noix sur la route pour les faire casser par les voitures. Et ils le font devant les feux de signalisation, afin de pouvoir bien tranquillement récupérer leur nourriture quand les voitures s'arrêtent au feu rouge ! On a aussi vu en laboratoire des corbeaux mettre des cailloux dans un bocal étroit rempli d'eau, afin de faire monter le niveau de l'eau et récupérer les vers flottant sur celle-ci. À propos de l'eau, les poissons ont été longtemps perçus comme les plus primitifs, car étant les plus anciens. On ne les pensait pas capables de ressentir la douleur. Il faut dire qu'un poisson ne gémit pas, et ne sourit pas non plus. Mais c'est un tort de tout comparer à l'homme. Quand on le fait, on se trompe. Il n'empêche, on a parfois des surprises. Par exemple, un poisson, le labre nettoyeur débarrasse les autres poissons des parasites sur leurs écailles. Comme un bon commerçant, il connaît sa clientèle. S'il a un nouveau client, il le sert en premier, et s'il en blesse un, il lui prodigue un petit massage calmant.

– Je ne te savais pas si savant, Masato !

– C'est pourquoi je me fais appeler Neko sensei ! Je plaisante ! Je n'oublie pas, moi non plus, que la modestie est une vertu japonaise ! Pour en revenir aux animaux, n'oublions pas les insectes, qui sont aussi des animaux. On a vu des abeilles qui savaient compter jusqu'à trois, ce qui est déjà bien. En laboratoire, des bourdons ont résolu des problèmes en ayant recours à la raison, comme nous. On a observé des chauves-souris vampires faisant preuve d'empathie en alimentant des congénères qui n'avaient pas trouvé de sang à ingurgiter. Gentil, n'est-ce pas ? La prudence, la peur, voire l'amitié, on peut retrouver tout cela, même chez les insectes. Et chez les mammifères, bien sûr aussi, et pas seulement chez les primates. On a vu des porcs faire preuve de compassion en délivrant un des leurs enfermé dans une cage et qui appelait à l'aide.

– C'est passionnant ! Oui, tu es un vrai professeur, Masato ! Mais que fais-tu du chat dans tout ça ? N'est-il pas intelligent, lui aussi ?

– Assurément, Kagami ! En tant que mammifère, selon la pyramide dont je parlais, il était déjà bien placé, moins bien que les primates certes, et un peu moins bien que le chien. Mais en fait, chaque animal est bien placé dans sa niche écologique.

Kagami émit un rire discret qui étonna Neko sensei.

– Qu'y a-t-il d'amusant ? lui demanda-t-il.

– C'est un nouveau mot que je viens d'apprendre en français. La niche, c'est la maison du chien. Et toi, tu me parles de niche pour tous les animaux. J'ai du mal à voir un éléphant ou une girafe dans une niche ! Ils auraient du mal à y entrer ! Mais bon, en japonais il n'y a pas de jeu de mots avec la niche ! Excuse-moi !

Neko sensei soutit, puis reprit :

– Mais tu n'as pas à t'excuser ! Il n'y a pas de niche pour les chats, en français ?

– Non ! Je ne sais pas pourquoi, d'ailleurs !

– Sans doute parce que quand les chats vivent dehors, ils sont assez malins pour trouver une bonne cachette, ce qui n'est pas le cas des chiens qui ne peuvent pas, comme eux, grimper ou se faufiler ici et là. Et quand les chats vivent dedans, ils sont aussi malins pour prendre les meilleures places : nul besoin de niche !

– D'accord, Masato ! Mais je t'en prie, professeur, continue de me parler de l'intelligence du chat !

– Mais bien sûr, Kagami ! Les chats ont un petit cerveau, de la taille d'un petit doigt humain. Moins de trente grammes ! Il serait même plus petit que celui de leurs ancêtres, mais la taille ne fait pas tout. En fait, leur anatomie cérébrale est similaire à la nôtre, mais avec une orientation différente. Même s'ils ont moins de cellules cérébrales que les chiens, et beaucoup moins que nous, ils ont une bonne mémoire et sont parfaitement adaptés à leur niche écologique. Pardon pour la niche ! Ils sont aussi bien meilleurs que nous pour se mouvoir sans perdre l'équilibre, et ce sont des chasseurs nés ! Ils savent aussi reconnaître la voix de la personne qui s'occupe d'eux, et ils rêvent, comme nous ! D'après certains, et d'après ce que les chats ont bien daigné nous montrer (car ils n'aiment pas trop qu'on les soumette à des expériences), leur intelligence correspondrait à celle d'un enfant de deux ans. Mais cela a-t-il vraiment du sens de les comparer à l'homme ? Leur univers n'est pas le nôtre ! Peut-être sont-ils plus intelligents encore, qui sait ? Ils comprennent par exemple qu'un objet continue d'exister, même si on ne le voit plus. Tous les mammifères ne le comprennent pas. Les chats sont capables d'apprendre, de raisonner pour résoudre des problèmes, et de mémoriser. Ils ont aussi une bonne vue et une certaine notion du temps. Les chats savent en tout cas garder leur part de mystère. Au contraire des chiens qui sont plus sociables et plus faciles à dresser, les chats conservent leur jardin secret. Dire qu'ils sont moins intelligents que les chiens, ou au contraire plus intelligents, comparer les chiens et les chats, ou les chats et les hommes, n'a en fait aucun sens : chacun règne dans sa propre niche !

– Allons bon ! C'est reparti !

– Oui, la niche ! L'homme a lui aussi sa niche. Il s'est cru au sommet d'une pyramide, avec tous les animaux en-dessous de lui, mais en fait, c'est lui qui perturbe tous les autres. En cela, il est le champion ! Et donc, oui, il ferait bien de rentrer et de rester dans sa niche !

Neko sensei et Kagami sourirent d'un air complice. Ils continuèrent encore longtemps de discuter de tout ce qui leur passait par l'esprit, puis, comme il commençait à se faire tard, ils se résolurent à se séparer.

Le mot *sayonara* est bien connu en Occident, mais aucun ne l'employa. Il équivaut un peu au mot français *adieu*, dans le sens où il s'adresse à quelqu'un que l'on pense ne pas revoir (en français, chez les croyants, *adieu* voulait jadis dire ce qu'il dit : *à Dieu*). En japonais, de même qu'on évite de dire clairement non à quelqu'un, on répugne de toute façon à briser les liens noués entre les personnes. Les formules pour remplacer notre *Au revoir* sont multiples. On dit, par exemple, *Sur ce, prenez soin de vous* ou *Sur ce, prends soin de toi*. Entre amis ou proches, on emploie la formule *Genki de ne* que l'on pourrait traduire par *Prends soin de toi, hein !* On peut aussi utiliser le mot *Mata* pour dire *À plus tard, à la prochaine fois*, et cela avec des nuances de sens, par exemple *Mata Aimashou* (*Revoyons nous*), *Dewa mata* (*Sur ce, à plus tard*), *Mata ne* (même sens, en plus familier). *Ja ne* encore plus familier, sans même le mot *mata*, équivaut, lui, à *À plus*. Dans les familles, on dit souvent *Ittekimasu* (*Je vais et je reviens*), ce qui évite encore de dire clairement au revoir. Dans le milieu professionnel, on dira l'équivalent de : *Je vous prie de m'excuser, mais je me retire avant vous* quand on part le premier, ou *Merci pour vos efforts* à un collègue qui part avant vous. Tout cela pour dire que, comme beaucoup de jeunes Japonais, Neko sensei et Kagami ne s'embarrassèrent pas de formules si compliquées, ils se dirent donc simplement *bye-bye !* à l'occidentale...

De retour chez eux, ils se mirent tous deux à réfléchir à leur discussion. D'un côté, ils n'avaient peut-être pas beaucoup fait avancer la cause des chats, c'était vrai et sans doute regrettable, mais d'un autre côté, ils avaient fait avancer leur propre cause, et c'était déjà beaucoup pour la journée. Neko sensei était plus amoureux que jamais, et Kagami avait de son côté commencé à éprouver les mêmes sentiments. Les chats avaient certes été un peu délaissés, mais les deux amis s'étaient promis de se rattraper dès le lendemain lors d'une nouvelle rencontre. Avec ou sans le frère de Kagami. Par acquis de conscience, Kagami en parla toutefois à son frère qui répondit qu'il ne manquerait pas d'être présent. Kagami en fut un petit peu contrariée, mais évita de le montrer. Après tout, elle ne pouvait exclure son frère d'une rencontre portant en théorie exclusivement sur les chats. Si son frère n'avait pas été là, Masato et elle auraient pu parler de mille autres choses, sans oublier les chats. Mais c'était sûr, avec son frère présent, tout le monde en parlerait bien cette fois ! Il n'empêche, Kagami était sur un petit nuage, et elle ne devait pas être la seule à rêver...

IV

La mafia des chats

Kagami excellait dans l'art de la calligraphie. C'était une autre de ses passions. Dès qu'elle avait du temps libre, elle s'y consacrait. Elle se mit donc le soir même à réaliser de nombreuses calligraphies avec le nom de Masato, ce qui lui permettait se se consacrer à sa passion tout en pensant à son bien-aimé.

Le japonais s'écrit avec un nombre limité d'idéogrammes chinois monosyllabiques qui permettent sans doute mieux que les caractères latins d'exceller dans l'art de la calligraphie. Pourtant ces idéogrammes sont mal adaptés à une langue qui, contrairement au chinois, ne distingue pas les tons (le chinois mandarin en a quatre : montant, descendant, égal et modulé) et qui à de nombreuses terminaisons polysyllabiques. Les Japonais leur ont donc ajouté une cinquantaine de caractères syllabiques (en fait des idéogrammes simplifiés), plus un peu plus autant de caractères dérivés. Cela leur sert aussi à remplacer les idéogrammes chinois trop compliqués. En outre, les noms étrangers s'écrivent avec d'autres caractères. Enfin, les Japonais, tout comme les Chinois, utilisent l'alphabet latin dans leurs dictionnaires, car il est bien plus simple pour classer les mots. Tout cela semble bien complexe, mais les Japonais restent attachés à leur système d'écriture qui est pour eux une partie essentielle de leur culture.

Kagami aimait sa langue, tant pour son écriture que pour sa sonorité. En japonais, deux consonnes qui se prononcent ne se suivent jamais (le couple *ts,* comme dans *Mitsubishi,* est considéré comme une seule consonne), ce qui donne à la langue une grande fluidité. Quant à son écriture, certes complexe, elle a le charme incomparable de permettre à merveille la calligraphie. Kagami l'adorait pour cela, tout comme elle se plaisait à concevoir des mandalas pour apaiser son âme. Car tout n'allait pas pour le mieux pour elle. Ses parents avaient eu de grands projets à son sujet. Quelque peu déçus de voir leur fils vouer sa vie aux chats, ils avaient imaginé se rattraper avec leur fille. Comme elle était douée pour les études et qu'elle aimait les animaux, ils l'avaient imaginée ouvrir un beau cabinet vétérinaire en ville. Au lieu de cela, elle avait abandonné ses études et était restée à la campagne à faire des petits boulots. Et maintenant, elle bornait son horizon à l'élevage de chats avec son frère. Certes, les parents de Kagami aimaient bien les chats, mais pour eux, tout cela restait bien décevant.

Quant à leur parler de Masato... Elle appréhendait déjà le moment où le jour viendrait. Elle aimait Masato, et elle savait que c'était un garçon sérieux qui n'était pas du genre à mugueter, papillonner ou conter fleurette à la première venue. Elle savait aussi que Masato l'aimait comme elle l'aimait. Elle se doutait bien cependant que pour ses parents, il n'avait pas l'allure du gendre idéal. Mais bon, chaque problème en son temps, se disait-elle.

En attendant, elle pouvait toujours rêver et espérer, et c'était bien agréable de pouvoir le faire. Au moins, personne ne pouvait l'en empêcher, et c'était là une liberté toute grisante.

Comme convenu, elle revit son amoureux dès le lendemain, et tout se passa pour le mieux. Son frère était présent, mais il ne remarqua rien de spécial. Elle eût préféré se retrouver seule avec Masato, mais ce ne fut pas possible, ni cette fois-là, ni les suivantes. Avec son amoureux, ils décidèrent donc de se voir désormais en cachette, en plus des réunions habituelles en présence du frère de Kagami. Lors de leurs rencontres, ils apprirent à mieux se connaître, et ils se révélèrent l'un l'autre sans trop tarder leurs sentiments respectifs. Rassurés et enthousiasmés par un amour partagé, ils imaginaient leur avenir en rose, même s'ils n'ignoraient pas les nuages qui planaient sur le ciel bleu.

Pendant ce temps-là, la sélection de chats se poursuivait. Certains chatons étaient prometteurs, mais Neko sensei, Kagami et son frère savaient bien qu'il faudrait plusieurs générations de chats pour espérer, peut-être, obtenir des résultats satisfaisants, ou du moins significatifs. Rien n'était assuré d'avance. Ils doutaient d'ailleurs souvent, se demandant toujours et encore s'il n'était pas quelque peu prétentieux de songer à améliorer ce qui était déjà quasi parfait. À y bien réfléchir, cela relevait même à leurs yeux d'un pari fou, un pari qu'il était cependant nécessaire de tenter.

Quelques mois passèrent ainsi, dans le calme et l'attente. Rien d'important ne semblait se passer, jusqu'au jour où Neko sensei reçut un appel téléphonique d'un homme qui, sans se présenter, lui donna rendez-vous le lendemain, en lui précisant qu'il n'avait pas le choix, et que s'il ne venait pas, les conséquences pourraient être graves pour ses parents ainsi que pour Kagami. Le ton était impératif, ce qui le rendait d'autant plus inquiétant. Tout cela devait être pris au sérieux. Neko sensei ne pouvait pas hésiter : il promit de se rendre au rendez-vous.

Le lendemain, à l'heure dite et au lieu convenu, il était là. C'était le soir, peu avant la nuit. Alors qu'il attendait en regardant la lune, un homme, comme surgi de nulle part, vint tout près de lui. Ils étaient seuls. L'homme, très correct, fit les salutations d'usage, avant d'en venir au vif du sujet :

– Je vous félicite pour vos vidéos. Elles sont toutes remarquables. Comme vous, j'adore les chats. Je pense que nous pourrions travailler ensemble. Nous avons des projets pour vous.

Neko sensei remercia poliment, avant de demander d'un ton où perçait l'inquiétude :

– Mais qui êtes-vous ? Et que voulez-vous donc ?

Son interlocuteur sourit :

– Je fais partie des yakuzas de Nara. Ce que nous voulons, c'est passer un accord avec vous. Vous vous intéressez aux chats, nous aussi. Vous gagnez de l'argent grâce à eux, nous pouvons vous aider à en gagner beaucoup plus, mais alors vraiment beaucoup plus, de quoi assurer votre avenir et celui de ceux que vous aimez. Comme vous le savez, les yakuzas s'y connaissent en ce qui concerne l'argent. Vous n'avez rien à craindre, ce sera tout à votre bénéfice. Enfin, à notre bénéfice commun, bien sûr !

– Et si je refuse ?

– Je vous le déconseille fortement. Vous connaissez certainement l'influence des yakuzas. Et nous, nous vous connaissons. Concluez-en ce que vous voudrez. Et puis, pourquoi voudriez-vous refuser ? Un bon Japonais ne dit jamais non. Écoutez, je vais vous laisser réfléchir. Pour ce que vous aurez à faire, on verra plus tard, mais ne vous inquiétez pas. Je vous recontacterai bientôt. En attendant, passez une bonne soirée, Neko sensei.

L'homme salua, puis s'effaça dans la nuit qui semblait être tombée d'un coup. Le professeur soupira : tout cela ne lui inspirait rien de bon. Les yakuzas ! Comme tout Japonais, il les connaissait. Les yakuzas font en effet partie de l'histoire du Japon et de ses traditions. C'est en quelque sorte la mafia japonaise, mais une mafia semi-légale ayant pignon sur rue. Ce n'est pas une organisation secrète, même si certaines de ses activités le sont. Autrefois très prospère et composée de nombreux membres répartis en plusieurs clans, son influence s'est considérablement réduite, les autorités ayant décidé de mieux la contrôler. En particulier, le nombre de ses membres est en baisse constante depuis plusieurs dizaines d'années, autour de vingt-six mille en incluant les collaborateurs, alors qu'ils ont été longtemps trois fois plus nombreux, et encore plus nombreux au siècle dernier, plus que l'armée japonaise elle-même. Ils aiment se prétendre descendants de samouraïs démobilisés, mais ils descendent peut-être de joueurs professionnels qui contrôlaient autrefois le monde des jeux de hasard, ou de colporteurs et camelots, eux-mêmes d'anciens paysans sans terre ou des petits voyous. Ils ont été longtemps recrutés parmi les hommes discriminés en raison de leur métier considéré comme une souillure, car lié à la mort et au sang (notamment l'abattage d'animaux). Avant et après la Seconde Guerre mondiale, les yakuzas ont tiré profit de leur collaboration avec les autorités du pays. Tout changea vers la fin du XXe siècle. Alors qu'ils contrôlaient des pans entiers de l'économie japonaise, une législation fut mise en place pour organiser le recensement des bandes de yakuzas, et engager leur responsabilité en cas d'atteinte aux personnes et aux biens – le chantage et le racket pratiqués par les clans de yakuzas étaient tout particulièrement visés. En conséquence de cette législation, le lien avec la police fut rompu et le nombre de yakuzas diminua, mais certains entrèrent dans la clandestinité, parfois violente, le crime organisé des yakuzas régi par un code d'honneur prenant alors la forme du crime désorganisé. Les yakuzas officiels sont, en effet, bien organisés : chaque clan a un chef, appelé *oya* ou *oyabun*. C'est l'équivalent du parrain sicilien, le patriarche qui protège ses enfants qui lui doivent obéissance. Le rituel d'entrée dans un clan est là pour représenter cette union : l'oyabun et le postulant sont agenouillés l'un à côté de l'autre devant un autel shintoïste, face à des témoins vêtus comme eux de kimonos. Ils boivent un saké spécial symbolisant les liens du sang, et s'échangent leurs coupes. Le nouveau membre du clan, comme tous les autres, doit dès lors verser régulièrement une partie des bénéfices de son activité à son supérieur. S'il enfreint le code d'honneur, il doit se couper le petit doigt, puis les autres doigts pour les fautes suivantes. En cas de faute très grave, le membre peut être exclu définitivement, ce qui peut le conduire à se suicider par éventration – c'est le seppuku ou hara-kiri. Le tatouage, fait de manière traditionnelle, douloureuse, est un autre rituel. Les yakuzas se répartissent en quatre familles principales qui ont chacune de quelques clans à plusieurs centaines. Ce qui fait aussi leur particularité, c'est qu'ils ne se cachent pas, au contraire ils n'ont pas peur de se montrer. Dans certains cas, les Japonais font même volontairement appel à eux, pour expulser des locataires mauvais payeurs par exemple, ou encore pour intimider des personnes lors d'assemblées générales d'actionnaires, pour des conflits de voisinage ou des recouvrement de dettes, ainsi que pour des prêts. Cela s'ajoute à leurs autres activités : racket, chantage, jeux d'argent, matchs de lutte ou de sumo truqués, prostitution, pornographie, immigration clandestine, trafic d'armes et, surtout, de drogue.

Tout cela, Neko sensei ne le savait que trop car, curieux de nature, il s'était renseigné à leur sujet dès son plus jeune âge. C'était cependant la première fois qu'un yakuza lui proposait ses services. Ses services ! Cela ressemblait plus à une forme de chantage, oui ! Mais que faire ? Que risquait-il s'il refusait de collaborer ? Avait-il le choix ? Il ne savait même pas ce qu'on allait lui demander !

En fait, il ne tarda pas trop à le savoir. Quelques jours après, le yakuza qu'il avait rencontré lui proposa un nouveau rendez-vous, au même endroit et à la même heure, peu avant la tombée de la nuit. C'était à croire qu'il voulait se cacher, alors que les yakuzas n'ont pas peur de se montrer au grand jour.

– Avez-vous réfléchi à ma proposition ? lui demanda le yakuza, après les formules habituelles de politesse.

Neko sensei soupira :

– Comment voulez-vous que je réfléchisse ? Que vous répondre ? Je ne sais même pas ce que vous attendez de moi !

– Beaucoup ! Nous attendons beaucoup de vous ! Plus que vous ne pouvez le penser ! Voici ce que je vous propose : vous faire visiter notre temple. Et là, je vous dirai ce que nous attendons de vous. Disons que je viendrai vous chercher lundi prochain, à huit heures. Pas d'objection ? Alors, c'est entendu ! Je sens que nous allons bien nous entendre !

– Mais...

– À lundi, Neko sensei.

L'homme salua et partit, laissant Neko sensei tout interloqué. Il n'avait dit ni oui ni non, et sans avoir rien dit, il se trouvait embarqué dans il ne savait trop quoi. Tout cela était décidément de plus en plus étrange. Le lendemain, il s'en ouvrit à Kagami qui essaya de le rassurer, sans trop de succès. Sa présence lui changea néanmoins les idées jusqu'à l'arrivée de Kenta. Neko sensei raconta tout à celui-ci. L'intérêt porté aux chats par un clan de yakuzas laissa son ami perplexe, sinon embarrassé.

— Que les yakuzas veuillent se faire de l'argent avec les chats n'augure rien de bon, finit-il par dire, après un moment de réflexion. Ils doivent être au courant de ce que nous faisons. Ou alors ils veulent orienter tes vidéos pour en tirer profit, d'une façon ou d'une autre. Il faudra peut-être leur verser de l'argent pour ne pas avoir d'ennuis. Financièrement, cela risque d'être difficile.

Neko sensei dormit très peu les nuits suivantes. Les pensées s'entremêlaient dans sa tête, il n'imaginait que le pire. Avoir affaire aux yakuzas n'était pas anodin, nul ne savait ce qu'il pouvait en résulter. C'était comme un jeu dangereux, même si certains n'hésitaient pas trop à faire appel à eux. Mais lui n'avait rien demandé et ne demandait rien.

Le jour du rendez-vous vint enfin. L'homme, toujours aussi ponctuel que poli, lui fit les salutations d'usage, puis lui fit signe d'entrer dans sa voiture. La grande ville où se situait le temple, Nara, n'était pas trop loin, à peu près à une demi-heure. Les parents de Neko sensei s'étaient installés dans la région quelques années après sa naissance. Ils s'y étaient bien adaptés, même si l'archipel d'Okinawa, avec son climat tropical, leur manquait souvent. C'est la particularité de Japon de s'étendre en longueur plutôt qu'en largeur, on peut y passer d'une île à une autre et voir les paysages et le climat changer. Nara est située dans le sud de l'île principale, Honshu, non loin d'Osaka et de Kyoto, alors que Tokyo se trouve plus au nord. Elle est bien connue des Japonais et des touristes étrangers, car c'est la ville où les cerfs sika errent en liberté, en particulier dans le parc situé au cœur de la cité. Ils avaient autrefois un statut divin, une divinité montée sur un cerf blanc ailé ayant jadis, selon la légende, protégé la ville, alors capitale impériale. Il fut un temps où chacun devait s'incliner devant eux, et en tuer un était alors passible de la peine capitale. De nombreux cerfs furent cependant tués et mangés pendant la guerre du Pacifique, mais aujourd'hui, ils se contentent de faire la joie des touristes auxquels ils quémandent de la nourriture, et tout le monde est heureux.

La voiture s'arrêta près de quelques-uns de ces cerfs. Neko sensei n'eut pas le temps de s'approcher d'eux, son yakuza attitré l'invitant à entrer dans le temple. Dès qu'il y pénétra, le professeur fut surpris de se retouver devant trois grandes statues de maneki-neko, le chat porte-bonheur. Celle de gauche avait la patte gauche levée, celle du milieu levait les deux pattes, tandis que celle de droite levait la patte droite. Selon la symbolique du maneki-neko, la patte gauche levée doit attirer le client, tandis que la patte droite levée doit attirer richesse et bonne fortune. Ici, tous les cas de figure étaient réunis (un maneki-neko levant les quatre pattes est rare et un maneki-neko sans aucune patte levée ne saurait exister).

– Avant d'entrer, lui dit le yakuza, purifiez-vous en utilisant le bassin d'eau, et une fois à l'intérieur, faites une petite offrande. C'est un lieu sacré, ne l'oubliez pas. Je vous attends ici. Prenez votre temps.

Neko sensei s'exécuta. Il avait déjà visité le célèbre temple de Gotokuji à l'ouest de Tokyo, avec ses centaines de maneki-neko. L'atmosphère y était d'autant plus sereine et mystique que c'était le lieu supposé de naissance des maneki-neko. Neko sensei rêvait aussi de visiter un jour leur autre lieu de naissance supposé, le sanctuaire d'Imado, à Asakusa, avec ses deux chats en céramique, un mâle et une femelle. Les Japonais viennent y prier pour trouver l'amour et le bonheur conjugal, car ce sanctuaire célèbre aussi un couple légendaire de la mythologie japonaise dont l'union aurait permis la création du monde. Neko sensei espérait bien y aller un jour avec Kagami. En attendant, il était là, tout seul, dans ce grand temple, face à ces trois statues imposantes, et à côté de multiples maneki-neko de toutes tailles et couleurs. L'ensemble était impressionnant, et même si les maneki-neko gardaient leur aspect rassurant, cela n'en était pas moins légèrement inquiétant. Neko sensei resta là un long moment, perdu dans ses pensées, puis il se décida à sortir. Son yakuza attitré l'attendait toujours. En apercevant Neko sensei, il prit une posture droite et fière.

– C'est beau, n'est-ce pas ? demanda-t-il à Neko sensei, en guettant son approbation.

– C'est beau, oui ! Inspirant, même !

Le yakuza n'en espérait pas tant. Il reprit :

– Et vous n'avez encore rien vu ! Enfin, si ! Le temple, c'est important, ce n'est pas ce que je voulais dire ! C'est ici que nous venons nous recueillir. Nous rendons aux chats le culte qui leur est dû. Nous-mêmes, nous nous considérons comme leurs serviteurs. Nous essayons de suivre leur chemin. Pour leur rendre hommage lors des cérémonies, nous nous habillons en noir, et chacun de nous porte un masque de chat. Nous avons tous des tatouages de chats. Entre eux et nous, c'est un pacte de sang écrit dans notre chair. Les chats détiennent la vérité et la clé du bonheur. Nous-mêmes, nous osons nous appeler les samouraïs des chats. Ce n'est pas par vanité, croyez-le, mais au contraire par humilité. Nous sommes des serviteurs dédiés à leurs maîtres les chats. Des serviteurs à la vie, à la mort !

Neko sensei ne sut que répondre. Il resta donc étrangement silencieux. Le samouraï des chats prit cela pour un encouragement à poursuivre :

– Pour nous, le chat, ce n'est pas seulement et simplement le chat porte-bonheur, c'est bien plus encore ! Il représente le Japon et ses traditions, il symbolise l'avenir radieux que pourrait connaître notre pays s'il s'en remettait à lui. Ce que nous voulons, c'est que les Japonais se tournent vers lui, grâce à nous, pour le renouveau du Japon et de ses valeurs traditionnelles. C'est cela qui permettra le renouveau spirituel du monde. Car nous ne voulons pas nous contenter du Japon. Les valeurs traditionnelles du Japon ont une valeur universelle et doivent être connues de tous. Nous sommes vraiment les samouraïs des chats, prêts à combattre pour la bonne cause !

– Mais alors, vous n'êtes pas de vrais yakuzas ?

L'homme sourit :

– Grande est la famille des samouraïs des chats ! Il y a de la place pour tout le monde ! Y compris pour vous !

Neko sensei fit comme s'il n'avait pas entendu l'invitation. Il demanda simplement :

– Mais qu'attendez-vous de moi, au juste ?

– Beaucoup, je vous l'ai déjà dit ! Nous avons besoin de vous pour nous faire connaître. Vos vidéos sont parfaites, c'est ce que nous voulons pour nous. Vous pourriez être en quelque sorte notre ministre de la propagande, Et, je vous l'ai dit aussi, cela pourrait vous rapporter gros. Nous sommes en train de mettre au point le chat suprême, le chat ultime, un chat capable de faire fondre tous les cœurs.

Neko sensei suivit l'homme dans un bâtiment situé près du temple. Dès qu'il y pénétra, il ressentit comme un malaise. Cela n'avait plus rien de religieux ou de sacré. Ici, c'était la réalité, les chats étaient vivants, et ils étaient quasiment tous enfermés dans des cages, de surcroît pas très grandes. Certains étaient blessés et n'avaient même pas de pansements. C'était choquant, révoltant ! Neko sensei ne put s'empêcher de le dire :

– Mais ils sont blessés !

L'homme sourit encore :

– Ne vous inquiétez pas, nous les soignons comme il faut ! Quant aux cages, c'est provisoire ! À la fin, tous les chats auront toute la place qu'il faut ! Mais pour le moment, nous avons besoin de garder un œil sur chacun d'eux. Dans notre laboratoire, on ne se contente pas en effet d'utiliser le génie génétique. Nous faisons aussi appel à des chats ordinaires pour des recherches sur leur cerveau. Nous leur mettons des électrodes ou des puces, nous sommes parfois amenés à pratiquer des opérations chirurgicales, c'est pourquoi on doit restreindre un peu leur liberté, mais rassurez-vous, nos chats sont très heureux, nous les traitons d'ailleurs comme des dieux. Ils ont la meilleure nourriture qui soit, leurs cages sont nettoyées chaque jour, et eux-mêmes font l'objet de tous nos soins, de façon à ce qu'ils ne manquent de rien. S'ils pouvaient parler, ils vous le diraient ! Leur donner la parole, ou découvrir ce qu'ils pensent, cela fait précisément partie de nos recherches. Et c'est là que vous pourriez intervenir pour montrer au monde entier ce que nous réussissons à faire avec nos meilleurs éléments. À propos de parole, si vous nous rejoignez, vous serez surpris, très surpris même... Bien sûr, comme je vous le disais, vous seriez alors rémunéré en conséquence. Nous comptons bien, en effet, proposer à la vente nos meilleurs éléments, et une part serait pour vous. Si vous le souhaitez, vous pourriez aussi faire partie de notre association.

« Nos meilleurs éléments » : Neko sensei éprouvait une vive répulsion à l'égard de cette expression. Appeler les chats, ou certains d'entre eux « nos meilleurs éléments », c'était les rabaisser à n'être plus que des « éléments » sans spécificité, sans personnalité. Et ce prétendu yakuza osait l'inviter à rejoindre ce qui n'était évidemment qu'un groupe sectaire, peut-être issu des yakuzas certes, mais qui avait dérivé vers la maltraitance animale dans toute son horreur !

– Connaissez-vous le code d'honneur des yakuzas ? lui demanda soudain l'homme.

– Non.

– C'est la voie chevaleresque des neuf règles : tu n'offenseras pas les bons citoyens ; tu ne prendras pas la femme du voisin ; tu ne voleras pas l'organisation ; tu ne te drogueras pas ; tu devras obéissance et respect à ton supérieur ; tu accepteras de mourir pour le père ou de faire de la prison pour lui ; tu ne devras pas parler du groupe à quiconque ; en prison, tu ne diras rien ; il n'est pas permis de tuer une personne ne faisant pas partie du milieu. Ces neuf règles n'ont pas toujours été respectées, en particulier la dernière, mais rassurez-vous, nous, nous appliquons bien la dernière, vous n'avez rien à craindre !

Neko sensei sourit d'un sourire forcé :

– Merci, vraiment ! Je peux donc rentrer chez moi ?

L'homme sourit à son tour :

– Mais vous ne m'avez toujours pas dit si vous acceptez de travailler pour nous, les samouraïs des chats ?

Neko sensei hésita, il craignait de donner une réponse trop franche, mais il ne pouvait cependant pas donner l'impression d'accepter.

– Non, désolé, je ne crois pas, finit-il par répondre.

– Un bon Japonais ne dit jamais non, en tout cas pas aussi directement. Réfléchissez encore. Et sachez aussi que nous avons des amis parmi vos proches. Nous savons ce qu'il en est avec une fille qui habite près de chez vous. Vous espérez vous marier un jour avec elle, et vous avez raison, elle est charmante.

– Vous la connaissez ?

– Pas vraiment. Mais je connais bien son père et son frère. Ils sont des nôtres. Et si vous ne nous rejoignez pas, je vois mal comment ils pourraient vous accepter dans leur famille. Bon ! À vous de voir ! En attendant, je vous ramène chez vous. Mais réfléchissez bien !

C'était un coup de massue. Neko sensei tombait des nues. Kenta, son ami, était un des leurs, il participait à cette odieuse machination ourdie dans l'ombre ! Comment aurait-il pu s'en douter ? Et c'était sans doute lui qui l'avait introduit auprès de ce groupe sectaire ! Son ami à qui il avait parlé des yakuzas ! Quel hypocrite ! se dit-il. Et Kagami, était-elle dans le coup, elle aussi ? Il ne pouvait le croire, ni même l'envisager. Il ne pouvait déjà pas le croire pour Kenta, alors Kagami... Non, c'était impossible !

Dès le lendemain, il se rendit chez Kenta et Kagami. Ils parlèrent longuement tous trois des chats et de l'avancée dans leur sélection. Les chats prometteurs l'étaient encore plus, mais tout cela avançait lentement. Des éleveurs amis faisaient le même constat : les résultats n'étaient pas décourageants, mais il fallait s'armer de patience. Au fil des discussions, Kenta et Kagami virent bien que Neko sensei était comme absent, ce qui ne lui ressemblait pas. Kenta finit par lui demander :

– Ça ne va pas, Masato ?

Neko sensei hésita, puis répondit que tout allait bien et sourit pour donner le change. Avant de parler à Kenta, il préférait avoir une discussion en tête-à-tête avec Kagami. Quand Kenta dut s'absenter un moment, il en profita pour lui donner rendez-vous le soir même.

– Fais-tu toi aussi partie des yakuzas ? lui demanda-t-il alors franchement, d'une voix qui laissait cependant percer son inquiétude.

Kagami, stupéfaite, nia fermement et lui demanda s'il allait bien. Il se confondit en excuses, tout en lui révélant ce que le yakuza lui avait dit.

– Mon frère et mon père : des yakuzas ! s'exclama-t-elle alors. Je ne peux pas le croire ! Tu as dû te tromper ! Ou alors, cet homme t'a raconté n'importe quoi pour te faire marcher !

Neko sensei soupira :

– Hélas non ! Je ne me trompe pas, Kagami ! Mais que faire ?

La question était délicate. Comment fallait-il se comporter avec Kenta ? Et avec son père ? Neko sensei ne connaissait pas vraiment ce dernier, mais il savait que c'était quelqu'un qui tenait aux traditions, et que s'il voulait rester en bons termes avec sa future belle-famille, il devrait un jour demander la main de sa fille à cet homme. Mais d'un autre côté, il ne pouvait pas devenir membre de son groupe sectaire qui maltraitait les chats ! Alors oui, que faire ? Kagami et lui-même ne voyaient pas d'issue simple. Après avoir longuement discuté de la situation, et juste pour gagner du temps et en savoir plus, ils décidèrent que le mieux était d'esquiver, de faire semblant, autrement dit d'accepter la proposition de collaboration du yakuza. Neko sensei en apprendrait ainsi plus sur la secte et pourrait peut-être trouver ensuite une quelconque échappatoire. Mais une autre question demeurait : fallait-il dire à Kenta qu'on savait qu'il en était ? Il semblait en fait difficile de faire autrement. Un jour ou l'autre, Neko sensei le croiserait en effet dans les locaux de la secte. La décision fut donc prise d'aborder la question lors de leur prochaine réunion commune prévue le lendemain.

Kenta y arriva tout joyeux, ne se doutant de rien. Sa sœur et on ami l'attendaient. Après de brèves salutations, façon jeunes, Neko sensei attaqua directement :

– Kenta, je sais que tu fais partie des yakuzas, et que ton père en fait aussi partie. Pourquoi ne m'as tu rien dit ? Et à ta sœur non plus ? Je croyais qu'on était amis !

– Mais nous le sommes, Masato ! De vrais amis, oui, n'en doute pas ! Mais il ne fallait pas brusquer les choses ! Pardonne-moi, mais je ne pouvais pas faire autrement. Et tout d'abord, tu te trompes. L'homme que tu as vu, et les autres, si tu en as vu d'autres, ne sont pas tous des yakuzas. Certains en sont, c'est vrai, tandis que d'autres sont d'anciens yakuzas. Mais tous font partie d'un mouvement qui vise à restaurer les valeurs ancestrales du Japon, les vertus traditionnelles, via les chats. C'est pourquoi ils se font appeler les samouraïs des chats. Aujourd'hui, le pays va à vau-l'eau. Quand on connaît les chats, comme toi et moi, on sait qu'ils sont capables de tout. Et comme le Japon est le pays des chats, c'est par eux que le salut viendra, n'en doute pas ! À propos, as-tu visité le temple ? C'est beau, inspirant, impressionnant, n'est-ce pas ? Et as-tu vu les chats qui parlent ?

– Pardon ?

– Ah non ? Je suis peut-être un peu trop bavard. Mais si tu te joins à nous, tu les verras, ça aussi, c'est bigrement impressionnant !

– J'ai surtout vu beaucoup de chats enfermés dans des cages, et pas forcément heureux !

– Écoute, Masato, il faut parfois accepter quelques sacrifices. Mais cela en vaut la peine. Les chats sont là pour nous montrer la voie. Et grâce à eux on va pouvoir redresser le Japon. De nos jours, les statues de Bouddha n'inspirent plus le même respect qu'avant. Comment les gens pourraient-ils alors acquérir la sérénité, la zénitude ? Des cultes étrangers à la mode se sont aussi mêlés à nos traditions et ne font que créer la confusion dans les esprits. Quant à nos croyances traditionnelles, le shintō, trop de Japonais ont oublié le caractère sacré de la nature, et maintenant celle-ci nous le fait bien payer. Ils ne se voient plus comme des éléments du grand Tout, ils ne savent plus communier avec les forces de l'univers et avec leurs ancêtres. Ils se laissent aller, ils ne se purifient plus de leurs souillures, ils ne vont plus dans les temples et les sanctuaires. Ceux qui le pourraient ne font plus d'enfants, et ce sont des étrangers ou des robots qui les remplacent.

Devant les mines étonnées de sa sœur et de son ami, Kenta se tut un moment, avant de reprendre, d'un ton plus léger :

– Mais bon ! Avec les chats, ça peut changer, ça va changer, ça ne peut que s'arranger, car la vérité est en eux, et donc en nous leurs serviteurs !

– Mais comment cela ? demanda sa sœur. Et comment s'appelle votre mouvement ?

Kenta sourit. Il ne demandait pas mieux que de s'expliquer pour promouvoir le mouvement dont il faisait partie.

– C'est simple, reprit-il, c'est le Neko shinrikyō. C'est le mariage de la technologie avec la philosophie pour créer un nouveau chat qui pourrait inspirer les hommes à devenir de nouveaux hommes, des hommes meilleurs qui en reviendraient d'eux-mêmes aux valeurs traditionnelles.

Neko sensei frémit en attendant prononcer le nom de Neko shinrikyō. Cela lui rappelait trop la secte Aum shinrikyō qui avait commis plusieurs actes criminels au Japon entre 1989 et 1995, dont le célèbre attentat au gaz sarin dans cinq rames bondées du métro de Tokyo. Un attentat qui avait fait treize morts et plus de six mille intoxiqués. *Aum* est une syllabe sanskrite qui représente le son primordial à partir duquel l'Univers se serait manifesté. On la retrouve dans les religions originaires de l'Inde : l'hindouisme, le bouddhisme, le jaïnisme et le sikhisme. *Shinrikyō* signifie, pour sa part, *enseignement de la vérité suprême.* Neko shinrikyō, c'était donc *l'enseignement de la vérité suprême du chat.*

L'idéologie religieuse de la secte Aum shinrikyō, celle de l'attentat, était principalement bouddhiste, mais avec des emprunts à l'hindouisme, à l'apocalyptisme chrétien, au New Age, et même aux prophéties de Nostradamus. Sur le plan politique, le mouvement croyait à la chute prochaine du gouvernement japonais, dans un Armageddon où ne survivraient que les membres de la secte qui prendraient alors le pouvoir. En attendant, ceux-ci subissaient les techniques de manipulation mentale habituelles des sectes : peu de sommeil, beaucoup de travail, coupure avec le monde extérieur, emprise du gourou, y compris sur le plan sexuel. La secte fabriquait même des drogues pour ses membres, et fomentaient des complots mortels contre ceux qui voulaient la quitter ou s'y opposaient. En outre, elle fabriquait des armes chimiques, dont celle au gaz sarin qui la rendit célèbre. Ses dirigeants furent finalement arrêtés, jugés et condamnés à mort. Le gourou et douze de ses disciples furent pendus en 2018.

Neko sensei se remémora tout cela en quelques instants. Cette nouvelle secte, Neko shinrikyō, pouvait-elle être aussi dangereuse que la précédente ? Son futur beau-père allait-il, lui aussi, finir pendu ? Cette seule pensée avait de quoi faire frémir !

– Ce n'est pas du tout clair ! objecta-t-il soudain. Ton mouvement Neko shinrikyō a-t-il un lien avec la secte Aum shinrikyō ? Et puis, sélectionner des chats pour les rendre encore plus attirants et pacificateurs, c'était bien notre projet à nous, non ? C'est quoi alors, cette histoire de nouveaux chats qui mêle tout et n'importe quoi ?

Kenta fut très étonné par la réaction de son ami. Il lui assura que Neko shinrikyō n'avait que des buts pacifiques, sans rapport avec l'autre secte qui, d'ailleurs, avait changé de nom et n'existait plus telle qu'elle avait été. Il poursuivit son argumentaire pour essayer de convaincre aussi bien son ami que sa sœur, mais il n'y réussit pas vraiment. Cependant Neko sensei lui dit qu'il allait accepter de travailler avec le mouvement, ne fût-ce que pour l'influencer dans le bon sens. Il s'en tenait ainsi à la décision prise en accord avec Kagami, celle d'intégrer la secte pour mieux l'observer et gagner du temps. Kagami eût voulu faire de même, jouer à l'infiltrée, mais son frère lui expliqua que c'était impossible, le mouvement n'acceptant pas les femmes. En cela, celui-ci restait fidèle à la tradition des yakuzas qui était de tenir les femmes en suspicion. Kagami n'apprécia pas vraiment, mais elle n'insista pas, cela n'aurait de toute façon servi à rien, elle savait bien que cela ne dépendait pas de son frère.

Quelques jours après, Neko sensei se retrouva donc dans les locaux de la secte, en présence de plusieurs de ses membres. Il leur expliqua qu'il était d'accord pour travailler avec eux, sans pour autant, à ce stade, adhérer à leur mouvement. Les hommes qui l'accueillaient s'en réjouirent et, à sa demande, ils acceptèrent de lui montrer leurs chats les plus évolués, ceux qui pouvaient parler.

Ils étaient là, dans une grande pièce. Un gros chat trônait sur un fauteuil, devant une douzaine d'autres chats assis sur un tapis. Le gros chat avait des électrodes sur la tête, et des câbles le reliaient à une pièce voisine où se trouvait un imposant centre de calcul. Un membre du mouvement expliqua à Neko sensei comment cela fonctionnait : par cette connexion, grâce à l'informatique et à l'intelligence artificielle, le cerveau du chat bénéficiait en temps réel de connaissances et d'aptitudes exceptionnelles, le tout étant sublimé par une voix synthétique qui lui permettait de s'exprimer de façon compréhensible pour tous les humains. Quant aux autres chats, par la magie des ondes et d'autres électrodes dans leurs cerveaux, ils pouvaient comprendre ce que leur disait le gros chat qui, pour eux, pouvait aussi s'exprimer plus simplement dans le langage ordinaire des chats. Tout cela était impressionnant et quelque peu dérangeant. Cela le fut encore bien plus quand le gros chat se tourna vers Neko sensei pour lui parler, tout en lui faisant d'abord un salut de la tête :

– Enchanté de vous rencontrer, Neko sensei ! Désolé de ne pas pouvoir vous offrir une tasse de saké, mais comment dire ? Avec mes simples pattes, je suis comme qui dirait, un peu handicapé pour manipuler vos tasses sans les faire tomber ! Vous voudrez bien m'en excuser !

Ce chat avait-il de l'humour ? Neko sensei n'eut pas trop le temps de s'interroger là-dessus, car l'animal continua :

– Je sais ce que certains pensent : heureusement que les chats ne savent par parler, car ils en savent beaucoup trop ! Mais ce temps est bel et bien fini, maintenant ils peuvent parler ! Neko sensei, je sais qui vous êtes, et ce que vous faites. Vous vous intéressez aux chats, et vous faites bien, car l'avenir du monde dépend d'eux. Vous les humains, vous n'avez pas su entretenir la terre avec respect et sagesse. Vous devez donc maintenant passer votre tour, et nous remettre tout pouvoir, à nous les chats. Nous saurons mieux que vous en faire bon usage pour le bénéfice de tous. Bien sûr, vous devrez vous abaisser à nous rendre hommage, comme il sied à tout être inférieur à l'égard d'un être supérieur, mais vous vous y ferez, cela viendra tout naturellement quand vous comprendrez qu'un gouvernement de chats, c'est ce qu'il peut y avoir de mieux sur terre, pour vous comme pour nous. Tout ce que nous vous demanderons, ce sera de suivre nos volontés sans rechigner, avec loyauté et fidélité. Vous verrez, vous ne le regretterez pas ! Maintenant, je laisse le soin à mes subordonnés humains de vous expliquer ce que l'on attend précisément de vous. Je sais que vous n'êtes pas encore prêt pour intégrer le cercle fermé de nos dévots. Vous ne voulez que travailler pour nous, comme un simple salarié. C'est dommage, mais c'est déjà un début. Un jour, j'en suis sûr, vous comprendrez et vous serez des nôtres. Quitte même, s'il le fallait, à vous sacrifier pour nous et pour notre cause, celle des chats qui apporteront la paix et la félicité au monde.

À ce moment-là, tous les chats présents crièrent à l'unisson *Benzai ! Benzai ! Benzai !* Ce mot, d'origine chinoise, signifie *Dix mille ans !,* autrement dit *Longue vie !* Tant en Chine qu'au Japon, on l'utilisait autrefois comme marque de respect envers l'empereur. Aujourd'hui, on crie encore *Benzai !* pour congratuler quelqu'un, ou un groupe de personnes. Mais Neko sensei ne pouvait oublier que lors de la guerre du Pacifique, les kamikazes étaient censés crier *Benzai !* avant de plonger sur un bateau ennemi, ou que des militaires le criaient lors de charges d'infanterie suicide, ou avant de se suicider eux-mêmes plutôt que de connaître, selon eux, le déshonneur d'une reddition. Ces chats qui criaient *Benzai !* avec leurs électrodes sur la tête rappelaient justement à Neko sensei tous ces fanatiques d'un autre temps. C'était quelque peu perturbant. Mais le plus étonnant, le plus dérangeant, c'était que ces chats parlaient vraiment ! Même si, avec tout leur appareillage électronique, ils ressemblaient plus à des robots qu'à des chats, ce qui, au final, faisait accepter un peu mieux le caractère surréaliste de la situation.

– Beau discours, n'est-ce pas ? lui dit ensuite l'homme qui l'accompagnait. Vous connaissez, je suppose, ce qu'on appelle le transhumanisme, ou l'homme amélioré. Nous, nous voulons inventer le chat amélioré, doté de super pouvoirs. Celui qui vous a parlé est leur chef, le chef des chats, appelé Super Neko. C'est un vrai chef, même s'il s'y croit un peu trop ! Il oublie qui commande ici ! Mais sachez qu'il a bénéficié aussi bien du génie génétique que d'un super calculateur installé en Chine, outre le nôtre, bien sûr. Nous collaborons, en effet, avec la Chine, et avec Taïwan aussi. Et même avec la Corée, celle du Sud, bien sûr. Nous sommes ainsi à la pointe de la recherche. Bien entendu, ces pays ne savent pas tout de nos intentions, cela ne les regarde pas.

– Et justement, quelles sont vos intentions ? demanda d'un air faussement innocent Neko sensei.

L'homme sourit :

– On vous l'a déjà dit, il me semble ! Nous voulons créer le chat ultime, capable de faire fondre les cœurs, pour relever le Japon du déclin. Par lui et avec lui, nous voulons restaurer les valeurs japonaises traditionnelles, et les montrer en exemple au monde entier. C'est un but éminemment glorieux, et nous nous réjouissons de votre collaboration. Vous êtes le meilleur dans votre domaine. Vos vidéos de chats font toujours sensation. Mais suivez-moi, je vais vous montrer votre bureau. Vous devrez travailler ici, avec les chats que nous vous montrerons. Pour les horaires et le salaire, vous verrez cela avec votre supérieur. Allons le voir.

L'homme présenta alors Neko sensei à un certain Takahashi. Au Japon, il existe quelques cent mille noms, mais certains reviennent assez fréquemment. Takahashi est ainsi le troisième nom le plus répandu, juste après Sato et Suzuki. Neko sensei fit ainsi connaissance avec ledit Takahashi, un homme entre deux âges au regard perçant, presque inquiétant, avec lequel il décida aussitôt de garder une certaine distance.

De toute façon, il n'était pas là pour sympathiser avec quiconque. Son but n'avait pas changé, malgré les belles paroles des uns et des autres : découvrir les secrets de la secte, tout en gagnant du temps.

Dès le lendemain, il se mit au travail. Takahashi lui présenta trois chats, aussi beaux qu'endormis, avec lesquels il fit quelques vidéos qu'il jugea d'un intérêt plus que moyen. Ce fut aussi l'avis de Takahashi. Cela commençait mal ! Néanmoins, au bout de quelques jours, et de quelques autres chats plus conciliants, la situation s'améliora, et chacun retrouva le sourire. En même temps, dès qu'il le pouvait, c'est-à-dire rarement, Neko sensei jouait au hackeur, mais c'était toujours en vain, le système informatique du mouvement lui résistait. Peut-être, d'ailleurs, n'y avait-il rien à trouver de confidentiel là-dedans, les secrets de la secte n'étant alors connus que par voie orale par les seuls initiés. Voire par certains chats eux-mêmes. Ce pouvait être là une autre piste. Encore eût-il fallu trouver un chat un peu trop bavard, et être seul avec lui. Pour le moment, cela semblait impossible. En tant que nouveau dans l'équipe, Neko sensei avait toujours Takahashi ou un autre mentor avec lui, quand ce n'était pas quelque sorte de garde-chiourme auto-proclamé. Il avait encore à gagner leur confiance, et cela risquait de prendre beaucoup de temps.

Après quelques semaines, la surveillance se relâcha cependant, et Neko sensei se retrouva seul avec Super Neko, le chef des chats lui-même. Chacun restait néanmoins sur ses gardes. Neko sensei craignait surtout que les propos qu'il pouvait échanger avec Super Neko ne fussent enregistrés quelque part. Il devait rester d'une prudence extrême, ne pas poser de questions trop directes, mais essayer plutôt de faire en sorte que le chat fût un tout petit peu trop bavard, au point de dire un mot de trop. Quant à Super Neko, il était en quelque sorte programmé pour, justement, ne pas en dire trop. Néanmoins, même s'il était en partie une création de l'informatique, ce n'était pas un robot, il conservait une certaine autonomie de pensée, au moins égale à tous les animaux complètement naturels de son espèce.

– N'êtes-vous pas fatigué de faire autant de vidéos ? demanda soudainement un soir Super Neko à Neko sensei. Pourquoi ne ferions-nous pas une pause ?

Neko sensei accepta volontiers. Ils étaient seuls, le moment était peut-être favorable pour en apprendre un peu plus sur le mouvement.

– Moi-même, je suis un peu fatigué d'être pris pour une star, reprit Super Neko. Vous me filmez sans cesse, je suis une vraie vedette, je pense. Mais c'est naturel, je ne vous en veux pas. Vous avez quand même devant vous un être exceptionnel. Vous, je sais que vous aimez les chats, et que vous savez reconnaître ceux qui ont la prestance royale comme moi. Mais eux, je sais qu'ils veulent surtout se servir de moi et des autres chats. Ils disent aimer les chats, les vénérer, mais tout cela n'est qu'un prétexte, ils ont un but secret, je le sais !

Neko sensei hésita, se demandant s'il pouvait en profiter pour poser quelques questions délicates. Était-ce le bon moment ? Il n'en était pas sûr. Il préféra donc rester prudent.

– C'est vrai que je vous aime, vous les chats ! dit-il simplement, en arborant son plus large sourire.

Super Neko le regarda longuement d'un air pensif, avant de reprendre :

– Je sais ! Vous êtes quelqu'un en qui on peut avoir confiance. Vous savez, ici, je suis le chef des chats. Eux aussi, ils me font confiance. Tout le monde doit respecter ses chefs. Mais ceux pour lesquels vous travaillez, eux, ils veulent s'en prendre à vos chefs, au Premier ministre et à votre empereur, Sa Majesté Impériale, comme vous dites. À mon collègue, en quelque sorte. Je trouve cela malhonnête. On doit respecter son souverain. Mes chats me respectent, à vous de respecter vos chefs, et surtout votre empereur !

Cette fois, Neko sensei n'hésita pas :

– Vous savez ce qu'ils veulent faire ?

Super Neko releva la tête fièrement, comme pour paraître plus grand et se donner de l'importance :

– Ils complotent pour prendre le pouvoir le Jour des chats. Ils veulent nous introduire, nous les chats qui pouvons parler, à la fois chez le Premier ministre et chez l'empereur, ainsi qu'à la Diète. Ils pensent que tout le monde sera saisi de stupeur en nous voyant et en nous entendant – car ils veulent qu'on prononce une allocution solennelle pour proclamer une ère nouvelle, l'ère du renouveau pour le Japon. Leur but est ensuite d'exporter leur ère nouvelle dans le monde entier.

– Par la guerre ?

– La guerre n'est plus nécessaire. Ce qui compte pour eux, c'est de contrôler les cerveaux, c'est leur obsession. Aussi bien les cerveaux des chats que les cerveaux des humains. Après, ils pensent qu'ils pourront faire tout ce qu'ils voudront, qu'ils seront puissants et riches, tant au Japon que dans le monde entier. Nous, on servirait juste à être leur vitrine : vous pensez, des chats qui parlent et qui dirigent le pays ! Quelle image stupéfiante pour le monde ! Eux, ils resteraient dans l'ombre, mais en fait, ils dirigeraient tout ! Nous, les chats, on serait juste comme des marionnettes savantes et, eux, ils tireraient les ficelles ! Les chats adorent jouer avec des ficelles, mais là, ce ne serait vraiment pas amusant ! Même si, au final, on finirait par devenir des kamis, mais des kamis bien visibles !

Dans le shintō, la religion traditionnelle animiste du Japon, les kamis sont ce qu'on pourrait appeler en Occident des esprits. Le mot est en fait difficilement traduisible, car il tient à la fois des esprits et des dieux. Il désigne en tout cas des êtres invisibles, immortels ou non, qu'il faut vénérer pour gagner leurs faveurs et éviter leur courroux. Ce sont en général des éléments de la nature, mais les kamis peuvent aussi concerner des notions plus abstraites, comme la fertilité ou la gaieté. Et pourquoi pas donc aussi ces chats extraordinaires ? Neko sensei n'était pas spécialement croyant, mais il n'y trouvait aucun inconvénient. En tout cas, il savait maintenant tout sur la conspiration projetée par le mouvement pour lequel il travaillait.

La date prévue pour l'opération complotiste était celle du Jour des chats. Le Jour des chats, ou *Neko no hi*, tombe chaque année le vingt-deux février parce que, en japonais 22/2 se prononce *ni-ni-ni*, un peu comme le miaulement des chats, notre *miaou*, qui se prononce *nyan* au Pays du soleil levant. À l'origine, le Jour des chats était une création purement commerciale, conçue par une association regroupant les fabricants d'aliments pour animaux de compagnie. C'est devenu depuis lors l'occasion de les fêter en leur offrant des friandises, tandis que leurs propriétaires s'offrent quant à eux des peluches ou des pâtisseries en forme de chats, ou ils les prennent en photos pour participer à des concours. Des sanctuaires shintō, les neko-jinja, organisent même des offices pour leur souhaiter bonne santé et longue vie.

Ce fameux Jour des chats était proche : une petite semaine tout juste. Il y avait donc urgence. Mais que faire d'ici là ? Avertir les autorités ? Leur dire que « des chats qui parlent » fomentaient un putsch – le putsch des chats ? C'était risquer de se retrouver chez les fous ! Alors ? Essayer de saboter l'opération ? Mais comment ? Neko sensei ne voyait pas... Il décida d'en parler à Kagami, mais aussi à son frère qui, malgré qu'il fût membre du mouvement, ignorait apparemment tout de ses intentions réelles. Quand Neko sensei lui expliqua ce qu'il en était, Kenta tomba d'ailleurs des nues.

– C'est insensé ! s'exclama-t-il. Je me demande si notre père est au courant. Et si je dois lui en parler. Je ne sais pas quoi faire !

Kagami soupira : elle n'en savait rien non plus. C'était leur père qui avait introduit son frère dans le mouvement, mais elle-même, n'en avait alors jamais rien su. Elle était donc mal placée pour savoir jusqu'à quel point leur père y était engagé. Faisait-il partie des personnes impliquées dans le putsch des chats ? Exerçait-il des responsabilités quelconques dans le mouvement ? Si oui, comment le faire changer d'avis, comment le retourner ? Cela paraissait compliqué et incertain de compter sur lui.

Alors ? Neko sensei se disait que, de toute façon, il ne pouvait pas se permettre de se brouiller avec lui, car un jour, il comptait bien en faire son beau-père. Certes, il pouvait se passer de son accord pour son mariage, mais il préférait rester en bons termes avec lui. Il se dit alors que puisque les « chats qui parlent » faisaient partie du problème, ils pourraient tout aussi bien faire partie de la solution. Mais comment ? Comment faire en sorte que lesdits chats rejettent le putsch des chats ? Était-ce dans leur intérêt ? Peut-être ! Sûrement même !

– Je vais leur en parler ! dit-il brusquement en se levant.

Devant la mine étonnée de Kagami et de Kenta, il leur expliqua ce qu'il comptait faire. Ils approuvèrent tous deux : après tout, ils n'avaient pas mieux à proposer.

Comme toujours, il fallait trouver le moment propice pour en parler à Super Neko. Et celui-ci devrait à son tour trouver le moment propice pour en parler aux autres « chats qui parlent ». Et cela en moins d'une semaine ! Le résultat semblait bien risqué... Un jour passa, puis un autre, et un autre encore. Plusieurs jours passèrent, et rien ! Aucun moment propice ! Jusqu'à la veille du fameux Jour des chats, quand, enfin, Neko sensei put se retrouver seul avec Super Neko. Il alla alors droit au but avec lui, sans perdre davantage de temps :

– Super Neko, seriez-vous prêt, avec les autres chats, à ne pas participer à l'opération prévue par les membres du mouvement ?

– Une rébellion ? Pourquoi ferais-je cela ?

Neko sensei pensa qu'il était peut-être allé un peu trop loin. Super Neko et ses acolytes, en tant que chats d'exception, devaient être bien gâtés ici. Alors oui, pourquoi refuseraient-ils de participer à l'opération, quitte à perdre leurs privilèges ? Il réfléchit un moment, puis répondit :

– Parce que vous les chats, vous n'êtes pas leurs jouets ! Ils vous traitent comme des robots, ils vous font parler comme eux, mais est-ce encore vous ? Est-ce vraiment vous qui parlez ? Qui décidez quoi que ce soit ? Vous, vous ne demanderiez pas mieux qu'on vous laisse tranquilles ! Vous pourriez aller et venir librement et, surtout, piquer de longs sommes à votre guise. Ce n'est pas une vie de voir votre cerveau contrôlé, manipulé par quelqu'un d'autre, comme si vous étiez leurs marionnettes ! Vous ne dites que ce qu'ils veulent vous faire dire ! Vous devez reprendre le contrôle de vous-mêmes ! Vous êtes les chefs, non ? Vous devez relier votre cerveau à votre cœur, au lieu de laisser quelqu'un d'autre le relier à une machine ! Croyez-vous donc qu'ils vous seront reconnaissants de ce que vous ferez ?

Non, tout ce qui compte pour eux, c'est le pouvoir et l'argent. Je ne dis pas, peut-être ont-ils aimé les chats, au début, qui sait ? Mais en tout cas maintenant, tout ce qu'ils vous demandent de faire ne va pas dans votre intérêt. Ils vous manipulent ! Vous comprenez ?

Super Neko regardait Neko sensei d'un air songeur. Certes, il se savait sans doute manipulé, mais il était visiblement dans le doute, ennuyé, pesant le pour et le contre, ne sachant que répondre. Neko sensei se dit qu'il avait en fait affaire à une sorte de robot plus qu'à un chat, mais un robot qui n'en restait pas moins un chat. Il avait vu plusieurs fois que Super Neko se fatiguait vite et ne songeait qu'à dormir, comme tout chat normal, en somme. Peut-être fallait-il appuyer de ce côté-là ?

– Songez, reprit-il, que si vous étiez libres, vous pourriez dormir jusqu'à une quinzaine d'heures par jour ! Et même plus !

– Une quinzaine d'heures ? Et même plus ?

– Une quinzaine d'heures ! Seize même, si vous voulez ! Le tiers d'une journée !

– Seize heures par jour ! Ce serait si bien ! Mais pourquoi pas dix-sept ? Ce serait encore mieux !

Neko sensei soupira, un peu agacé, car le temps pressait :

– Même dix-huit, si vous voulez, ou dix-neuf en cas de grosse fatigue ! Mais il faut vous décider vite ! Êtes-vous d'accord pour faire quelque chose ?

Super Neko donna son accord sans plus réfléchir. Il ne songeait plus qu'à ses vingt heures de sommeil quotidiens. Il se sentait tellement fatigué, mais en même temps la perspective de journées entières de sommeil lui redonnait des ailes. Il ne sentait plus le sol sous ses pieds, il était parti sur son petit nuage. Neko sensei s'en aperçut vite :

– Oh là ! on redescend ! Voilà ce que vous allez faire. Vous allez parler aux autres chats pour leur donner les consignes. Ces hommes vont vous amener chez l'empereur, chez le Premier ministre et à la Diète. C'est vous-même qui me l'avez dit, donc je vous crois. Là, ils vont vous demander de parler. Eh bien ! vous refuserez ! Ni en japonais, ni en javanais, ni en quoi que ce soit ! Seuls les miaulements seront autorisés, si vous voulez ! Et ensuite, sur place, vous vous allongerez pour piquer un énorme dodo ! N'est-ce pas un programme intéressant ?

– Mais ils ne vont pas être contents !

– On s'en moque ! Seul votre intérêt compte ! Vous allez inventer la première grève des chats avec occupation des locaux ! C'est historique !

– Si vous le dites...

Super Neko acquiesça donc et, le jour de l'opération, ce qui fut dit fut fait. Les membres de la secte se levèrent tôt pour relâcher les chats aux endroits convenus – des chats qui ne ressemblaient même plus à des chats, tellement ils étaient bardés d'appareils électroniques, eux-mêmes reliés par la voie des airs aux sectateurs qui se cachaient dans des véhicules spéciaux situés à proximité. Quand le personnel de surveillance les vit, les forces de sécurité furent aussitôt prévenues : ces chats bizarres avaient tout l'air de chats kamikazes bourrés d'explosifs. Personne n'osait s'en approcher, au contraire tout le monde fuyait quand ils avançaient. À la Diète, ce fut la grande débandade, il y eut des bousculades et des blessés. Chez le Premier ministre, l'évacuation fut plus simple à réaliser, mais la panique ne fut pas moindre. Enfin, chez l'empereur, ce fut la consternation : un chat s'était couché dans le lit impérial ! Comment osait-on s'en prendre ainsi à l'empereur, au symbole de l'État et de l'unité du peuple (ainsi le définit la Constitution), à la plus vieille monarchie héréditaire au monde (depuis 660 avant Jésus-Christ, paraît-il), fondée par l'empereur Jimmu, descendant de la déesse du soleil selon le shintoïsme (on n'y croyait peut-être plus vraiment, mais cela en imposait toujours de le rappeler), oui, comment osait-on ? Les chats, eux, ne se posaient pas la question. Une fois les locaux évacués, tant chez les uns que chez les autres, ils se mirent tout simplement à s'allonger pour piquer un somme (chez l'empereur, le chat dormait déjà). Les forces de sécurité ne savaient que faire : elles préféraient attendre les ordres. Le Cabinet fut réuni en urgence, du moins les ministres disponibles. Le Premier ministre hésita, puis décida de déclencher l'assaut. Des gaz furent au préalable répandus dans les locaux pour endormir et aveugler les assaillants. Ensuite, les forces spéciales entrèrent pour vérifier que l'ennemi était bien hors d'état de nuire. Enfin, les démineurs intervinrent pour désamorcer les engins explosifs. Ils cherchèrent bien, mais en fait ils ne trouvèrent rien à désamorcer. Le bruit se répandit alors que les chats avaient peut-être le moyen de télécommander des missiles de courte portée. L'idée était hautement saugrenue (il n'y avait nul besoin de chats sur place pour cela), mais dans le feu de l'action, on y crut. Avec de multiples précautions, les chats furent enlevés et transportés dans un camp militaire hors de Tokyo. Des vétérinaires furent appelés pour déconnecter le cerveau des chats de tout leur appareillage électronique. Ce dernier fut aussitôt envoyé dans un laboratoire pour être examiné par des experts. Les chats eux-mêmes le furent également, mais par des spécialistes de l'anatomie féline. Au final, personne ne trouva rien d'exceptionnel, tant chez les chats que dans tout leur fourbi électronique. Indignés, choqués, les membres de la Chambre des représentants se réunirent quelques jours après pour voter une motion de censure, ce qui provoqua la chute du Cabinet. Le Premier ministre désavoué se sentit déshonoré : il fit même un cauchemar où il se faisait hara-kiri, mais heureusement la mode était passée. Il se contenta donc de prendre un comprimé contre la migraine. Pour sa part, l'empereur fit lui-même un cauchemar où il abdiquait en faveur d'un auguste empereur des chats qui rétablissait toutes les vieilles traditions impériales et qui décidait de dominer le monde entier, plus que ne l'avait jamais fait le Japon. Quand il se réveilla, l'empereur fut bien content de penser qu'il n'avait plus qu'un rôle symbolique dans le pays : régner sans gouverner, ce n'était pas si mal, après tout !

De son côté, Neko sensei vivait désormais à Tokyo, chez un de ses admirateurs. Dès l'annonce de l'échec du putsch des chats, les responsables du mouvement sectaire avaient cherché ce qui n'avait pas fonctionné. Ils s'étaient ainsi rendu compte que leurs chats s'étaient tus, contrairement à ce qui avait été prévu : ils n'avaient pas dit un mot, même pas un seul, alors qu'un seul eût suffi pour épater toute la galerie des puissants de ce monde, et du Japon en premier lieu. Après enquête, les responsables du mouvement durent se rendre à l'évidence : leurs chats avaient été manipulés par Neko sensei. Prévenu par son ami Kenta, qui tenait l'information de son père, ledit Neko sensei eut tout juste le temps de fuir en pleine nuit pour se cacher dans une forêt voisine. Le lendemain, il contactait un de ses contacts pour solliciter son hospitalité. Il n'avait même pas eu le temps de revoir Kagami. Il put cependant lui téléphoner pour discuter longuement de la situation. Elle lui promit de le rejoindre dès que possible.

Quant aux chats, après avoir été examinés sous toutes les coutures, et comme ils ne présentaient rien d'exceptionnel, ils furent remis à une société de protection animale pour être adoptés par des particuliers. Ils coulèrent par la suite des jours heureux et tranquilles dans des foyers fort chaleureux. Que demander de mieux ? Le bonheur n'est-il pas parfois de se faire tout petit, de se faire oublier ? Ce fut ce qu'ils firent, et cela leur réussit à merveille. Super Neko, en particulier, réussit un jour à dormir vingt-quatre heures d'affilée. Ou presque (le temps des chats n'est pas forcément le même que celui des humains).

V

Les chats thérapeutes

La nouvelle tomba par un jour pluvieux, comme une éclaircie : le docteur Tanaka avait obtenu le prix Ig-Nobel ! Ce célèbre prix (certes moins célèbre que l'autre, le Nobel, mais tellement plus original) tire son nom d'un jeu de mots entre *ignoble* et prix *Nobel*. C'est une parodie du Nobel, le vrai, destinée à récompenser des recherches qui peuvent apparaître loufoques ou anodines, mais qui amènent quand même à réfléchir. Le prix Ig-Nobel veut ainsi montrer que des recherches à priori insolites ou absurdes peuvent apporter des connaissances utiles. Il vise à inciter la curiosité du public pour la science, même si le prix est parfois décerné dans une intention ironique, pour se moquer ou critiquer certaines recherches ou actions inutiles ou condamnables. Jacques Chirac l'avait ainsi eu en 1996 pour la reprise des essais nucléaires, cinquante ans après Hiroshima. Jacques Benveniste l'avait eu, lui, pour son affirmation attribuant une mémoire à l'eau, et une autre fois pour avoir soutenu que ses propriétés pouvaient être transmises par des vecteurs aléatoires comme le téléphone ou Internet. Plusieurs Japonais ont eu le prix. En 1997, par exemple, le prix Ig-Nobel d'économie avait ainsi été décerné à deux Japonais pour avoir inventé le Tamagotchi et fait perdre aux entreprises japonaises des milliers d'heures de travail passées à alimenter des animaux virtuels. En 2004, un autre Japonais avait eu le prix de la paix pour l'invention du karaoké, vu comme un moyen pour que les gens apprennent à se tolérer. En 2007, un Japonais avait eu le prix de chimie pour une méthode d'extraction de la vanilline à partir de la bouse de vache. En 2014, quatre Japonais avaient eu le prix de physique pour une étude sur le frottement quand une personne marche sur une peau de banane posée au sol. La même année, le prix de santé publique avait été attribué à plusieurs personnes, dont un Japonais, pour leurs enquêtes pour savoir s'il est mentalement dangereux pour les humains de posséder un chat. L'année suivante, deux Japonais avaient eu le prix de perception pour leur étude sur la façon dont les choses se voient différemment quand on les regarde en se penchant entre les jambes. En dehors des Japonais, des Français avaient aussi eu le prix pour leurs travaux sur les animaux. Ainsi en 2008, des Toulousains avaient eu le prix de biologie pour avoir découvert que les puces qui sont sur un chien peuvent sauter plus haut que celles qui sont sur un chat. En 2017, un Français, Marc-Antoine Fardin, avait eu le prix de physique pour son étude sur les chats, visant à déterminer s'ils sont ou non liquides. Explication : un liquide est un matériau qui modifie sa forme pour épouser celle du récipient qui le contient. Or, dans certaines conditions, les chats semblent en accord avec cette définition, mais cela demande du temps. En rhéologie (la discipline qui étudie les déformations et écoulements de la matière), cette durée est appelée le temps de relaxation. Certains liquides, comme le miel, sont plus visqueux que d'autres et ont besoin d'un temps de relaxation plus long. Si on leur laisse assez de temps, les chats peuvent ainsi adapter leur forme à celle de leur récipient. Combien de temps leur faut-il alors pour devenir liquides ? Pour répondre à des questions de ce genre, il faut voir le rapport entre deux temps : celui de la relaxation par rapport à celui de l'expérience. Si le temps de l'expérience est très long (un temps géologique, par exemple), le manteau de la Terre se comporte comme un liquide brassé en permanence. Mais à l'échelle d'une vie humaine, le manteau terrestre reste un solide (heureusement pour nous). Alors, combien de temps faut-il attendre pour que les chats se liquéfient ? Malheureusement, il est impossible de répondre car, même s'ils passent des heures et des heures à dormir, ils finissent quand même par bouger et l'expérience s'arrête de ce fait !

On le voit, cette étude méritait bien le prix Ig-Nobel, car elle était de nature à faire réfléchir en partant d'un fait considéré comme anodin (sauf pour les chats). De manière générale, les découvertes des lauréats de ce prix ne sont toutefois pas de nature à transformer le monde. Sauf que cette fois-ci, pour en revenir au cas du docteur Tanaka, le jury s'était complètement fourvoyé : ce prix Ig-Nobel était vraiment de nature à transformer le monde ! Le docteur Tanaka eût plutôt mérité le prix Nobel, aussi bien celui de médecine que celui de la paix. Ou alors, peut-être, aucun prix du tout, car le docteur Tanaka n'avait fait qu'enfoncer des portes ouvertes et populariser ce que l'on savait déjà : les bienfaits du ronronnement des chats sur les humains.

Le docteur Tanaka s'était rendu célèbre en publiant une étude sur le sujet dans une revue scientifique des plus prestigieuses disposant d'un comité de lecture pour sélectionner ses publications. Une revue fort sérieuse pour scientifiques chevronnés, ou pour les passionnés du genre. Pourquoi son article avait-il été retenu ? Sans doute pour donner un ton plus léger à la revue qui fêtait alors son anniversaire. En tout cas, son article eût normalement dû passer complètement inaperçu, s'il n'y avait eu un heureux concours de circonstances pour le sortir de l'ombre. L'un des employés de l'imprimerie qui devait publier l'article se pencha dessus, et il y tomba pour ainsi dire dedans. Comme il possédait un chat et était fan des chats en général, l'étude, pourtant d'apparence austère, le passionna, bien plus que les autres articles de la revue qui portaient tous sur des thèmes beaucoup plus techniques et spécialisés. Là, il s'agissait des chats et de la vie de tous les jours, de sa vie à lui, et de la vie de tout le monde, et c'était cela qui était captivant ! Cet homme partagea le jour même son enthousiasme avec sa femme qui en parla à sa voisine de pallier qui en parla à sa nièce qui lui rendait visite. Celle-ci en parla enfin à son fiancé qui était journaliste stagiaire dans un grand quotidien, et qui avait du mal à trouver le thème d'un article original et percutant pour son journal. Quand il entendit dire que le prix Nobel (sic) avait été attribué à un chercheur japonais pour des découvertes sensationnelles sur le ronronnement des chats, son sang ne fit qu'un tour, et il pondit vite un brillant article sur le sujet, sans même se donner la peine de vérifier ses sources. Son journal l'accepta tel quel, car le temps pressait. Même si l'article ne fut pas publié à la une du journal, il fit néanmoins grand bruit et fut relayé sur les réseaux sociaux, avant que l'on ne s'avisât que tout cela était faux, qu'il n'y avait pas eu de prix Nobel, mais un prix ig-Nobel. Après tout, vrai ou faux, c'était beau, peut-être trop beau pour être vrai, mais peu importait, et si ce n'était pas vrai, cela pouvait le devenir, et cela seul importait !

Le docteur Tanaka, lui, n'en espérait pas tant. Simple docteur vétérinaire passionné par la recherche sur la psychologie des animaux, et des chats en particulier, il se retrouva propulsé au summum de la popularité médiatique. Il faut dire que son article, s'il ne contenait rien de vraiment nouveau, expliquait de façon merveilleusement claire tout ce que l'on pouvait attendre de positif de la part des chats et de leur ronronnement. Et son prix Ig-Nobel tombait au moment idéal pour faire parler de lui : juste après l'affaire dite du putsch des chats, qui avait elle-même pris la suite de la guerre dite des chats. Chaque fait renforçait l'autre, et le prix Ig-Nobel était la cerise sur le gâteau.

L'étude du docteur Tanaka démontrait de façon convaincante les propriétés apaisantes et curatives du ronronnement des chats. La ronronthérapie n'était certes pas une nouveauté, mais le docteur Tanaka en avait fait une étude exhaustive pour démontrer tous ses bienfaits. Elle prouvait, avec moult statistiques à l'appui, que le ronronnement des chats, par ses vibrations sonores, avait le même pouvoir qu'une douce musique (qui adoucit les mœurs, dit-on). S'il nous apaise, c'est grâce à ses émissions à basse fréquence, les mêmes qui sont utilisées dans les musiques de films pour nous émouvoir. La maman chatte ronronne pour apaiser ses chatons. Sa cage thoracique agit comme une caisse de résonance amplifiant sons et vibrations que nous-mêmes humains ne percevons pas seulement par nos tympans, mais également par les récepteurs sensoriels de notre peau. Cela fait déclencher par notre cerveau la production de sérotonine, l'hormone du bonheur, ce qui nous apaise nous aussi et nous donne des pensées positives. C'est comme un médicament, mais sans aucun effet secondaire. C'est un puissant anti-stress qui régule la tension artérielle, renforce les défenses immunitaires et le système psycho-moteur. Grâce au ronronnement, le chat se remet d'une fracture plus vite que tout autre animal. Des kinésithérapeutes ont d'ailleurs reproduit les vibrations du ronronnement pour accélérer la cicatrisation osseuse. Ces vibrations accélèrent aussi la cicatrisation tissulaire et musculaire. Si le chat ronronne, c'est cependant pour lui, et non pour nous. Il ne ronronne pas seulement quand il est heureux, mais aussi quand il souffre ou qu'il est stressé. Dans ces cas-là, il ronronne pour s'apaiser lui-même.

L'étude du docteur Tanaka allait cependant bien au-delà des bienfaits du simple ronronnement. Elle montrait aussi que s'occuper d'un chat ou d'un animal de compagnie redonne confiance en soi, que c'est bon pour le moral, car cela comporte des responsabilités, et qu'il est gratifiant de voir que quelqu'un au moins compte sur nous et qu'il est heureux de nous retrouver après une absence. Un animal a besoin de soins, d'affection et d'attention, et grâce à lui on peut donc se sentir utile. Entre lui et nous, c'est un échange d'amour : il nous aime et on l'aime. Il nous aime sans nous juger, peu lui importent notre apparence et notre notre style de vie. C'est aussi un bon remède contre la solitude. À cet égard, le chat, plus que le chien, convient bien aux personnes âgées ou handicapées, car il s'accommode mieux d'une vie en appartement, il n'y a pas besoin de l'emmener en promenade. Au contraire du chien, qui est à priori d'un abord plus facile, le chat est d'un caractère indépendant et n'accorde pas sa confiance facilement. Quand on réussit à l'amadouer pour qu'il vienne vers nous, la gratification n'en est que plus forte. De ce fait, le chat nous apprend l'importance du consentement dans toute relation, amoureuse ou non. Soit il nous accepte, soit il dit non, alors il faut savoir ne pas insister. Avec lui, non, c'est non ! Par sa seule présence silencieuse, le chat réussit aussi à apaiser partout où il passe, il peut faire baisser notre stress et notre tension artérielle, voire diminuer nos risques de mourir de maladie cardiovasculaire. Par ailleurs, son rôle positif auprès des enfants autistes est à signaler.

L'étude du docteur Tanaka soulignait l'importance du caractère du chat. Ce dernier est pour nous très reposant et très mystérieux, à la fois familier et inaccessible. Le chat ne parle pas, mais il nous écoute, et il sait se faire comprendre en se frottant contre nous, ou par des miaulements qu'il réserve aux humains. Quand on le regarde, on comprend qu'il en sait plus que ce qu'il ne veut pas dire. Son silence le rend alors d'autant plus attachant. Être à la fois familier et mystérieux, on pourrait croire que le chat se sait beau, mignon, marrant même, la star des réseaux sociaux, en tout cas il ne se départit cependant jamais d'une certaine noblesse dans son allure, tout en gardant une âme d'enfant pour se mettre à jouer quand l'occasion se présente, avec sa queue quand il est chaton, avec une proie quand il est plus grand. Mais sa réussite la plus remarquable est de nous laisser croire que nous restons les maîtres chez nous, alors qu'avec un chat chez nous, nous ne sommes plus que ses serviteurs chez lui. Savoir gagner sa confiance, être choisi par lui est par conséquent une récompense de tous les instants. On accepte cette indépendance du chat, alors qu'on l'accepterait mal de la part d'un conjoint ou d'une conjointe. Le chat est né maître, et il n'en doute pas. C'est lui qui fixe les règles du droit, et les humains n'ont qu'à obéir.

Sans l'avoir aucunement voulu, le docteur Tanaka avait relancé au Japon, de façon toute spectaculaire, le culte de la population envers les chats. Comme son article fut commenté maintes et maintes fois ici et là, il fut vite connu de Neko sensei, ainsi que de Kagami et de Kenta – outre des autorités et du mouvement sectaire qui avait voulu renverser celles-ci. Les recherches de la police pour arrêter les conspirateurs se poursuivaient d'ailleurs, mais pour le moment sans trop de résultats tangibles. Neko sensei ne savait pas s'il devait le regretter ou non. D'un côté, il eût aimé les voir arrêter pour pouvoir revenir chez lui, dans la région de Nara, et reprendre sa vie d'avant. D'un autre côté, il craignait que le père de Kagami et de Kenta ne fût lui aussi arrêté, auquel cas cela risquait de compromettre encore plus ses chances d'épouser un jour Kagami, sans qu'elle ne fût rejetée par ses parents. Il savait que Kagami rêvait d'un mariage traditionnel, et que ses parents à elle, comme les siens à lui d'ailleurs, y étaient aussi attachés. Lui-même se serait volontiers contenté d'un mariage simple : au Japon, il suffit de signer un document, et de le faire enregistrer à la mairie. Par contre, pour un mariage traditionnel, il faut aller au sanctuaire shintō, ou dans une église si l'on est catholique, ce qui est rare, ou dans une fausse chapelle si l'on veut quand même donner une allure occidentale à son mariage. Ensuite, c'est le banquet où de très nombreuses personnes sont invitées.

Lors de la cérémonie shintō, les mariés doivent revêtir le costume traditionnel, qui est souvent loué pour l'occasion. Pour le marié, il s'agit d'une sorte de longue jupe-culotte et d'une sorte de longue veste, dans des tons sombres (noir, bleu foncé ou gris). La mariée, elle, consacre beaucoup de temps pour être maquillée, coiffée et habillée. Elle porte un kimono de mariage blanc à manches longues, et une sorte de long manteau, souvent blanc, ou rouge ou coloré, orné de motifs brodés au fil d'or, avec une ceinture offerte par sa mère. Sa coiffure est imposante et d'un certain poids. Un chignon est recouvert d'un bandeau blanc, et d'une capuche, blanche elle aussi. La mariée tient dans ses mains un éventail doré et argenté, ainsi qu'une pochette contenant un peigne et un miroir. Son visage est poudré de blanc, et ses lèvres sont en rouge vif – le blanc et le rouge symbolisant la pureté et la fidélité. Au sanctuaire shintô, avec seulement les proches et en présence du prêtre et de ses assistants (comme des enfants de chœur au féminin), les époux partagent par trois fois une coupelle remplie de saké tout en inclinant la tête. Trois fois, comme le passé, le présent et l'avenir. Le passé pour la gratitude envers les ancêtres, le présent qui marque l'engagement des époux, et l'avenir que l'on souhaite heureux ensemble. Après la lecture des vœux de mariage par le marié ou les deux époux, ceux-ci échangent les alliances, conformément à une coutume venue d'Occident. Ils agitent ensuite des branches d'un arbre sacré shintō, le sakaki, selon un rituel codifié, puis partagent le saké sacré avec les invités, saluent une dernière fois les divinités et quittent le sanctuaire.

Au banquet, le nombre d'invités est considérable. À leur arrivée, ils remettent aux familles des mariés une enveloppe spéciale entourée de cordelettes que l'on ne peut dénouer, pour symboliser des liens éternels. Cette enveloppe contient des billets en nombre impair (un nombre pair porte malheur, car il se divise) pour couvrir les frais de la noce. Cela remplace les cadeaux de mariage. Quand tout le monde est arrivé, les mariés font enfin leur apparition, en grande pompe et en musique. Au cours de la réception, la mariée peut changer deux ou trois fois de tenue, le marié peut faire de même. Discours, toasts et scènes de spectacle ponctuent le repas. À la fin de celui-ci, les mariés remercient les invités en leur offrant des petits cadeaux, comme des bonbons, sucreries, assiettes, dessous de table ou des objets plus importants, éventuellement choisis sur catalogue par les invités et envoyés chez eux. À noter aussi que la date du mariage doit être choisie avec soin, selon un calendrier de six jours qui attribue à chaque jour plus ou moins de fortune. Mais cela est de moins en moins respecté. Par contre, la photo de mariage dans un joli cadre (le cadre où l'on prend la photo, plus que le cadre où on la met !) garde toute son importance.

Cependant, les cérémonies se font souvent de manière plus décontractée et la mariée choisit pour la réception une robe de mariage de type occidental. Après le banquet, la journée peut aussi se poursuivre ailleurs, où chacun paie son écot, dans une ambiance plus détendue, voire ensuite encore ailleurs, mais seulement alors avec les amis les plus proches que les mariés n'ont peut-être pas vus beaucoup lors de cette longue journée mouvementée. Tout évolue, mais tout cela continue de faire rêver au pays du soleil levant, où la modernité et les traditions se côtoient.

Et les chats, dans tout ça ? Des statuettes de maneki-neko peuvent orner des lieux ici et là, ou être offertes par les mariés lors de la réception, comme porte-bonheur. Sinon, tout dépend des circonstances. Si les chats ne sont pas là, les mariés peuvent toujours les retrouver ailleurs, peut-être pour des séances photos avec eux, par exemple sur une des îles aux chats du pays, comme la célèbre Tashiro-Jima qui compte trois fois plus de chats que d'humains. Avec le village des renards de Zao et les cerfs de Nara, c'est un des lieux les plus célèbres du Japon pour ceux qui aiment les animaux. L'île était autrefois un centre de production de vers à soie, et les chats servaient à protéger les cocons des rongeurs. Les habitants s'occupaient d'eux, et les pêcheurs leur donnaient les restes de leurs prises. Pour leur tranquillité, les chiens étaient interdits sur l'île. Que demander de plus ? Depuis, si la population humaine de l'île a décliné, les chats, eux, se sont multipliés pour la plus grande joie des touristes.

Si Neko sensei n'avait jamais été sur aucune île aux chats, il se promettait d'y aller un jour pour y faire des photos et des vidéos. Quant au mariage, Neko sensei se serait bien passé de tout tralala, mais si Kagami voulait en passer par là, comment le lui refuser ? Et puis, de toute façon, la question n'était pas encore d'actualité ! Mais cela viendrait, il n'en doutait pas. En attendant, il rêvait du jour où Kagami allait le rejoindre à Tokyo. Elle le lui avait promis, mais il savait que ce ne serait pas du tout facile pour elle, ce serait même peut-être impossible si elle voulait rester en bons termes avec ses parents. Neko sensei enviait parfois la liberté des Occidentaux. Le Japon, bien qu'ayant un pied en Occident, gardait l'autre en Orient sur le plan culturel, notamment pour les rapports entre les hommes et les femmes. L'institution du mariage s'imposait plus qu'en Occident, surtout si des enfants naissaient, et le monde du travail comptait plus sur les hommes que sur les femmes. À eux les longues journées de travail, liées à leur emploi à vie dans l'entreprise, à elles des salaires inférieurs ou le foyer s'il y avait des enfants. Si les mariages d'amour avaient bien remplacé en nombre les mariages arrangés depuis la fin des années soixante du siècle dernier, en fait même cela n'était pas si simple : alors que les rencontres sur le lieu de travail étaient considérées comme des mariages d'amour si mariages il y avait, beaucoup d'entreprises en étaient encore à embaucher des femmes, moins pour leurs compétences, ou pas uniquement, mais parce qu'elles espéraient que ces nouvelles employées convoleraient en justes noces avec leurs employés masculins.

Neko sensei ne savait que trop tout cela. Pour son mariage avec Kagami, il ne pouvait donc qu'attendre et espérer, ce qui revenait un peu au même. Kagami, qui aimait bien la linguistique, lui avait d'ailleurs dit que le mot était le même en espagnol : *esperar*. Alors, il espérait, toujours et encore ! En attendant, justement, il s'était aussi mis en tête de rencontrer le docteur Tanaka afin de faire une vidéo sur les chats avec lui. Mais pour cela, il dut patienter un peu, car le docteur, fatigué et exaspéré par sa soudaine notoriété, avait décidé de ne plus répondre au téléphone, afin de décourager les importuns. Neko sensei dut faire intervenir une de ses connaissances afin d'obtenir un rendez-vous.

Le jour convenu, il se présenta chez lui, ravi de pouvoir enfin le voir, d'autant plus que le docteur lui apparut tout de suite comme quelqu'un de charmant. C'était un homme d'un certain âge, pour ne pas dire d'un âge certain, mais qui n'en gardait pas moins une grande vivacité d'esprit. L'idée d'être pris en photos et filmé ne lui plaisait pas spécialement, mais il l'acceptait cependant, par concession envers la modernité, et parce que, disait-il, c'était pour la bonne cause. Son logement reflétait sa personnalité, tout y était soigné, feutré, sans faute de goût, au point que Neko sensei fut quelque peu gêné de déranger, voire de troubler, aussi bien l'homme que le lieu où il vivait. Mais enfin, il était venu pour interroger le vieil homme, il devait donc le faire, et il le fit sans plus hésiter.

– Docteur, lui demanda-t-il, comment vivez-vous votre soudaine célébrité ?

Neko sensei trouva aussitôt sa question quelque peu stupide, et même dérangeante pour le docteur. Il comprenait bien que celui-ci ne voulait pas trop parler de cela, ni de lui-même en particulier. Il allait prier le docteur de l'en excuser, quand ce dernier répondit :

– Ma pauvre personne a si peu d'importance ! J'aime pratiquer l'art du yutori. Je pense que vous savez ce que c'est : on le décrit comme le temps entre deux gorgées de thé. On boit la première, et on prend son temps avant de prendre la suivante. Le yutori, c'est savoir prendre le temps de s'arrêter pour respirer, pour écouter le silence, humer une bonne odeur, pour apprécier, savourer ce que nous vivons, ce que nous voyons, le monde qui nous entoure. C'est un espace à soi. C'est l'art de la pause. Regardez les chats : ce sont des maîtres en matière de yutori ! Eux, ils savent prendre le temps de tout arrêter pour vivre leurs moments à eux ! Même si leurs yutori sont peut-être un peu longs pour nous, les chats peuvent et doivent nous servir de modèles pour rendre ce monde meilleur. Je pense que vous êtes de mon avis, vu votre passion pour les chats, non ?

– Bien sûr, docteur !

– Je n'en doutais pas ! reprit le vieil homme en souriant. J'ai vu vos vidéos où vous expliquez comment les chats sont devenus votre ikigai. J'ai aussi vu cette autre vidéo où vous mêlez les chats au naikan. C'est intéressant d'appliquer ainsi le naikan aux animaux, et aux chats en particulier, de se demander ce qu'on a reçu d'eux, ce qu'on leur a donné, et quels problèmes on leur a causés. On commence à se poser ces questions envers nos chats, puis on les étend au monde entier, et on obtient enfin la paix universelle !

– N'est-ce pas utopiste, docteur ?

Neko sensei s'étonna et s'amusa lui-même de sa question : il se savait tout aussi utopiste que le docteur.

– Il faut bien l'être un peu, mon ami ! En tout cas, il est important de savoir laisser de la place aux chats pour être en paix ! Avec eux, et avec nous-mêmes ! C'est tout le sens du yoyū : garder toujours de la marge, du temps surtout, et de l'espace, de l'argent même, pour soi ou pour les autres, pour faire face à l'imprévu. Le yoyū, oui, c'est garder du temps pour cultiver ses passions et se consacrer à ceux que l'on aime, dont les chats ! Mais c'est aussi garder son calme si la colère affleure, ne pas céder à la pression, avoir la force de rester zen.

Neko sensei et le docteur continuèrent ainsi de parler longuement de la vie et des chats, entre nostalgie et espoir. Le docteur venait de perdre sa petite Chibi, et se consolait en caressant Ana, jolie comme une fleur (en japonais, *Ana* veut dire *fleur*, et *Chibi* signifie *petit*). Le temps fila ainsi doucement, tranquillement. Quand vint le moment de se séparer, le docteur donna à Neko sensei l'adresse d'un bar à chats tenu par une de ses nièces.

– Allez-y de ma part, lui dit-il, et faites vous expliquer comment cela fonctionne. La révolution des chats thérapeutes va commencer par les bars à chats pour s'étendre partout, dans les hôpitaux et les maisons de retraite, dans les bureaux, et pour finir parmi les politiciens et les diplomates. Alors, enfin, le monde connaîtra la paix ! Car, surtout, ne l'oubliez jamais : le ronronnement des chats sauvera le monde !

Une fois parti, Neko sensei se rendit compte qu'il n'avait même pas interrogé le docteur sur ce fameux ronronnement : un comble, alors qu'il était venu pour cela ! Mais enfin, c'était trop tard, il n'allait pas y retourner ! Et, après tout, l'essentiel n'était peut-être pas là. À vrai dire, le docteur n'avait cessé d'en parler, mais de façon indirecte, en mêlant la philosophie aux chats, et les chats à l'art de vivre. Car tout était lié, Neko sensei en était persuadé.

Quelques jours après, alors qu'il s'apprêtait à se rendre au bar à chats de la nièce du docteur Tanaka, il apprit par la radio que les instigateurs du putsch des chats, les membres de la secte Neko shinrikyō, avaient été arrêtés. Plusieurs noms étaient cités, mais celui du père de Kagami n'y figurait pas. C'était une bonne nouvelle ! Les chats de la secte allaient être délivrés, et son mariage avec Kagami n'était plus compromis ! Ce fut donc le cœur léger que Neko sensei partit découvrir le bar à chats. Il avait entendu parler des bars de ce genre, lu des articles à leur sujet et vu des reportages à la télévision et sur Internet, mais il n'en avait jamais visités. Il trouvait l'idée à priori séduisante, même s'il se posait des questions sur le bien-être des chats ainsi exposés à de nombreux visiteurs. La nièce du docteur l'accueillit à la porte de façon courtoise, mais en lui disant cependant d'un ton impératif de se déchausser et de se laver les mains. Elle l'invita ensuite à s'asseoir sur un canapé, avant de faire de même. Plusieurs chats étaient dans la pièce. Neko sensei en compta huit, mais peut-être y en avait-il d'autres dans une pièce adjacente. Outre le canapé, il y avait deux tables et quelques chaises. Les chats avaient des gamelles dans un coin, et des jeux ici et là. Il n'y avait encore aucun client. L'ambiance était calme, feutrée.

– Neko sensei, je suis enchantée de vous rencontrer, lui dit la nièce du docteur. Je suis à votre disposition pour tout vous dire sur les bars à chats.

Comme elle était à peu près aussi jeune que Neko sensei, ils décidèrent assez vite de s'appeler par leurs prénoms. Le sien était Kokoro, ce qui signifie *cœur*. Après avoir échangé des généralités sur les bars à chats, et sur celui de Kokoro en particulier, Neko sensei commença à réaliser une vidéo pour ceux qui le suivaient sur Internet. Après tout, il était aussi venu pour cela. Il prit alors un ton plus formel :

– Mademoiselle, dites-nous donc tout sur les bars à chats !

– Mais bien volontiers ! Je pense que la plupart des personnes connaissent le principe des bars à chats. Les Japonais adorent les chats, mais ils ont des petits appartements où ils sont souvent interdits. Alors, que faire ? Aller dans un bar à chats ! Ici, ils peuvent caresser les chats et décompresser après une dure journée, se laisser bercer par leur ronronnement, se laisser charmer par leur regard, leur attention. En plus, bien sûr, on vient ici pour boire. En général, on paie en partant, en fonction du temps passé. Tout est très organisé ! Il y a des règles à respecter : ne pas courir après les chats, ne pas les retenir s'ils ne le veulent pas, ne pas les porter, ne pas les réveiller, ni leur faire peur ou leur parler trop fort, ne pas prendre des photos avec le flash, ne pas leur manquer de respect, en somme ! Le principe, c'est que c'est le chat qui décide s'il veut être câliné, et non le client. Ici, ce n'est pas le client qui est roi, c'est le chat ! C'est pourquoi ici, il n'y a pas d'agitation, tout est calme, l'éclairage et la musique d'ambiance y contribuent aussi. Nos clients viennent aussi pour cela, pas seulement pour la compagnie des chats, pas nécessairement même. Certains y viennent pour lire des mangas ou des magazines, se connecter à Internet, mais beaucoup sont là pour des rendez-vous galants. Notre clientèle est plutôt jeune et féminine, mais cela peut dépendre des bars à chats. Les chats, eux, ont des jeux pour s'occuper, et des coins pour s'isoler. Tout le monde doit y trouver son compte ! Pour des raisons d'hygiène, la cuisine et le comptoir leur sont cependant interdits.

– Mais les chats sont-ils heureux ici ?

– J'espère bien ! Savez-vous comment reconnaître un chat heureux ? Un chat heureux est un chat tranquille qui plisse les yeux, range sa queue ou dont la queue est calme, un chat qui ronronne, qui vous masse ou masse le vide, qui vous pétrit donc, qui vous lèche, qui joue ou dort sur vous ou se frotte contre vous parce qu'il vous aime et vous fait confiance, parce que vous êtes à lui. Croyez-moi : les chats ici font tout cela, ils sont donc heureux ! Il est vrai cependant qu'une étude a révélé que la fréquentation fluctuante et imprévisible des bars à chats générait du stress chez nos petits amis. C'est pourquoi, ici, je fais tout mon possible pour que l'endroit reste zen, pour les humains comme pour les chats. En outre, la législation impose un couvre-feu pour que les bars ne ferment pas trop tard. Il faut aussi une licence spécifique pour ouvrir un bar à chats. Je sais cependant que ce qui déplaît beaucoup à certains, c'est que les chats y soient, selon eux, relégués au rang d'objets. Mais croyez-moi, j'aime les chats, je n'en ai pas beaucoup, et je fais tout mon possible pour les protéger au mieux. Je fais ce métier parce que je les aime, pas pour leur faire du mal ! Et puis, les bars à chats, c'est quand même mieux que les spas où ils servent à masser les clientes – mais oui ! – ou les bars à chiens, à hérissons, chouettes ou reptiles, avec des serpents, varans et tortues ! Quels drôles de bars, non ?

– N'importe quoi ! s'exclama Neko sensei, tout aussi étonné que choqué, même s'il en avait entendu parler.

– N'importe quoi, oui ! reprit Kokora, amusée par l'effet qu'elle venait de produire. Les chats, c'est quand même mieux ! Et il y en a pour tous les goûts. Certains bars à chats se spécialisent ainsi sur des chats de telle ou telle race, ou sur les chats noirs. Les bars à chats séduisent, il y en a même maintenant à l'étranger. Mais savez-vous que ce n'est pas une invention japonaise ?

– Vraiment ?

– Vraiment ! Le premier bar à chats a vu le jour à Taipei, la capitale de Taïwan. C'était en 1998. Le lieu était très fréquenté par la population locale et les touristes japonais. Six ans plus tard, le premier bar à chats ouvrait au Japon, à Osaka. Puis les bars à chats se sont multipliés, il y en a plusieurs dizaines, ici à Tokyo. C'est un vrai succès ! Et maintenant, j'ai lu qu'en France, ils ont créé une librairie à chats, appelée « Mon Chat Pitre ». C'est un jeu de mots dans leur langue. C'est comme le bar à chats, sauf que c'est une vraie librairie. En plus, les chats viennent de refuges, c'est pour eux une nouvelle vie. Et quoi de plus normal que de les associer aux livres, quand on connaît les liens qu'ont eu de nombreux écrivains avec les chats ?

Neko sensei se rappela que Kagami lui avait dit qu'elle songeait à ouvrir un bar à chats, s'ils devaient tous deux vivre à Tokyo. Pourquoi pas alors une librairie à chats ? Mais maintenant que les samouraïs des chats de la secte Neko shinrikyō avaient été arrêtés, ce n'était plus d'actualité, c'était plutôt à lui de songer à revenir dans la région de Nara. Cependant, il devait auparavant en apprendre plus sur les bienfaits des chats, et notamment sur ceux de leur fameux ronronnement.

– Mais qu'en est-il du ronronnement, alors ? demanda-t-il soudainement à Kokoro, tout en caressant un chat noir qui venait de sauter sur le canapé et commençait à ronronner.

– Le ronron ? Tous les clients l'adorent ! Qu'y-a-t-il de plus intéressant, de plus apaisant qu'un petit ou un gros ronron d'un chat sur vos genoux ou à côté de vous ?

Bénéficier du ronron d'un chat, c'est un peu comme entrer au nirvana ! On le savait déjà, mais maintenant, avec toute cette publicité autour des chats, l'article du docteur Tanaka, et même cette folle histoire du putsch des chats, vous verrez, les bars à chats vont avoir encore plus de succès, c'est d'ailleurs le cas ici. Pour le moment, il n'y a personne, mais c'est parce que nous ne sommes pas encore ouverts. Mais après, je dois même parfois refuser du monde. La fréquentation a bien augmenté ces derniers jours. Vous verrez, il y aura bientôt des chats partout, partout où ils peuvent faire du bien pour apaiser les gens, ou les réconcilier entre eux ou avec la vie, comme sur les lieux de travail, ou dans les hôpitaux et les maisons de retraite. L'avenir appartient aux chats, n'en doutez pas ! Et comme l'a écrit le docteur Tanaka, cela va tout changer ! Grâce à eux, nous connaîtrons enfin un monde plus pacifique et plus heureux !

Neko sensei eut envie d'applaudir, mais il se retint : il ne fallait pas troubler la sérénité des lieux ! Et puis, cela le gênait un peu d'entendre de nouveau de tels propos qui faisaient reposer tout le bonheur du monde sur les chats : même s'il les partageait, il ne voulait pas tout faire reposer sur eux seuls, du moins sans l'aide des humains. Il n'en fit cependant rien paraître, remercia son hôtesse pour l'excellent thé qu'elle lui avait offert, avant de lui dire au revoir, à elle ainsi qu'au chat qu'il n'avait cessé de caresser.

À peine rentré chez lui, il reçut un coup de fil d'une journaliste d'un important quotidien qui sollicitait une interview de sa part. Bien informée, elle lui apprit que certains sectateurs de Neko shinrikyō avaient cité son nom, et qu'il n'allait pas tarder à être interrogé par la police, si ce n'était déjà fait. Il avait à peine raccroché que deux policiers étaient effectivement à sa porte. Ils lui posèrent beaucoup de questions, surtout pour vérifier qu'il ne faisait pas partie des sectateurs et qu'il n'avait aucunement participé au putsch des chats. Ils le prévinrent aussi de rester prudent, des responsables de la secte pouvant encore être en liberté et chercher à se venger de lui, le considérant comme un traître à leur cause. Neko sensei leur assura qu'il n'avait jamais été membre de la secte, juste un simple collaborateur, un infiltré plutôt, et qu'il ne l'avait même pas vraiment trahie, puisqu'il n'avait fait qu'inciter les fameux chats putschistes à ne rien faire. Les policiers le rassurèrent : sa probité n'était pas en cause, par contre il pouvait être en danger, il devait donc se méfier de tout le monde. Neko sensei leur parla alors de la journaliste qui l'avait contacté. Ils furent quelque peu surpris que des informations le concernant eussent déjà fuitées, et lui conseillèrent de bien vérifier l'identité de la personne, et d'en dire le moins possible sur la secte, en tout cas rien de trop compromettant pour lui.

Neko sensei se renseigna donc du mieux qu'il put sur la journaliste. Il apprit ainsi qu'elle avait rédigé plusieurs articles sur les chats, notamment sur leur présence dans les maisons de retraite et sur les lieux de travail. Il y avait là de quoi faire une bonne vidéo, si son intervieweuse acceptait à son tour d'être interviewée. Il l'appela donc pour lui donnez rendez-vous dans le bar à chats de Kokora.

Le jour convenu, après les salutations d'usage, la journaliste commença par poser des questions à Neko sensei qui y répondit bien volontiers. Elle avait l'habitude, c'était donc elle qui menait la discussion. De toute façon, Neko sensei n'avait pas encore installé son matériel pour enregistre une vidéo. Elle l'interrogea sur ce qu'il faisait, pourquoi il le faisait, ce qu'il espérait. Quand elle en vint à aborder le sujet de la secte Neko shinrikyō, Neko sensei botta en touche, prétextant que l'enquête policière était toujours en cours et qu'il ne pouvait donc pas en parler. La journaliste n'insista pas trop. Comme elle semblait avoir fini son interview, Neko sensei en profita pour installer son matériel et commencer la sienne.

– Madame, lui dit-il, vous êtes une spécialiste des chats, notamment sur les bienfaits qu'ils peuvent apporter, notamment dans les maisons de retraite. Pouvez-vous nous en dire plus à ce sujet ?

– Mais bien volontiers ! Ici, au Japon, la question peut se poser différemment qu'en Europe, ou qu'en Amérique du Nord. Là-bas, les gens doivent se séparer de leur animal domestique quand ils entrent en maison de retraite. C'est un déchirement pour eux, d'autant plus que leur compagnon à quatre pattes risque de finir dans un refuge et qu'ils ne le reverront pas. Cela peut aussi être le cas ici, mais bien souvent les personnes qui vont en maison de retraite n'avaient pas d'animal de compagnie auparavant. Par contre, dans un cas comme dans l'autre, avoir un animal de compagnie en maison de retraite est un plus. Que ce soit en ayant la possibilité de garder son compagnon, ou d'en avoir un, tout simplement. Cela apaise les résidents, réduit leur anxiété. Cela les maintient aussi en activité : s'occuper d'un animal, c'est une responsabilité qui fait que l'on ne se sent pas inutile. L'étude du docteur Tanaka l'a bien montré, et mes articles aussi. Pour les chats, inutile de revenir une fois de plus sur les bienfaits de la ronronthérapie ! Et puis un animal crée des liens entre les résidents et avec le personnel des établissements. Cela fait parler, cela crée de l'animation et de la vie ! Avec un animal de compagnie, personne ne se sent plus seul ou abandonné. Bien sûr, en contrepartie, il y a des contraintes liées à l'hygiène et au bien-être animal – qu'il ne faut pas oublier ! Certes, si l'animal de compagnie est un poisson rouge, il n'y a pas trop de contraintes. Encore que les poissons rouges préfèrent vivre à plusieurs et demandent de grands aquariums. Mieux vaut éviter, donc. Les oiseaux ? Il faut bien nettoyer leur cage et supporter les pépiements. Les chiens ? Il faut qu'ils soient sages, plutôt petits, et il faut être en assez bonne santé pour leur faire la promenade chaque jour. Ce n'est pas à la portée de toutes les personnes âgées. Que reste-t-il donc ? Les chats ? Oui, mais encore faut-il qu'ils soient vaccinés, vermifugés, stérilisés, qu'ils aient leur coin à eux pour se cacher, jouer, grimper, faire leurs griffes, un coin tranquille pour se reposer, dormir en paix et faire leurs besoins sans être dérangés ! Et il faut que les résidents aient assez de forces pour se baisser afin de nettoyer la litière et la gamelle ! Si vous avez de l'arthrose ou le dos fragile, cela peut être difficile, voire impossible ! Il faut aussi ne pas être allergique aux poils des chats, tant les résidents que le personnel. Il ne faut pas non plus que les chats aillent dans les pièces communes de l'établissement, celui-ci n'est pas un bar à chats ! Ils doivent rester dans les parties privées. Et il faut prévoir ce que l'on fera du chat au décès de son propriétaire ! D'une façon ou d'une autre, c'est quand même une surcharge de travail pour le personnel. En particulier, on ne peut pas mettre la litière souillée n'importe où. Et puis, il y a le risque de chute quand le chat se faufile entre les jambes des résidents. Donc, le chat dans les maisons de retraite, c'est bien, cela leur apporte plus d'humanité, mais c'est compliqué !

– Je vois ! Et sur le lieu de travail ?

– Un mouvement pour emmener les chiens au travail a commencé aux États-Unis à la fin du siècle dernier. Puis il y a eu les chats. Les entreprises du domaine animalier ont donné l'exemple, on les comprend ! Mais le mouvement va bien au-delà, car il y a bien des avantages à avoir son animal de compagnie avec soi ! Cela réduit le stress, cela rassure, apaise, et peut donc rendre leurs propriétaires plus performants. Cela peut aussi améliorer les relations avec les collègues. Certaines entreprises l'ont bien compris. Vous avez peut-être entendu parler de Ferray Corporation. Cette société de Tokyo a adopté neuf chatons pour créer un climat plus détendu dans l'entreprise, tout en augmentant la productivité. Ils vont et viennent librement. Bien sûr, depuis ils ont grandi, mais ils sont toujours là ! Et cette société encourage ses employés à amener leur propre animal de compagnie. Elle donne aussi une prime à ceux qui adoptent un chat sans foyer. Sympa, non ? Mais je rappelle qu'ici, à Tokyo, avoir un chat chez soi est souvent interdit. Quoi qu'il en soit, quand on a son chat avec soi au bureau, on est plus motivé et détendu, on peut accepter de travailler plus longtemps, on s'absente moins. Le climat est différent. Les entreprises qui accueillent ainsi les animaux se soucient plus du bien-être de leurs employés, et cela permet de créer un esprit d'équipe. Le chat peut lui aussi y trouver son compte : il a de la compagnie, ce qui est plus stimulant que de rester toute la journée tout seul à se morfondre dans un appartement vide.

– Il n'y a que des avantages, donc !

– Hélas non ! Tour d'abord pour le chat : pour nuancer ce que je viens de dire, le chat est plutôt casanier et n'apprécie pas le changement et les lieux trop bruyants. Un bureau qu'il ne connaît pas va le stresser, s'il est trop grand avec un peu trop de personnes. Le chat peut déconcentrer son propriétaire qui doit essayer de travailler, tout en le surveillant ou en répondant aux collègues ou personnes qui s'arrêtent devant le petit animal. Le chat peut déranger s'il miaule ou s'il se couche sur un dossier, coupe un appel téléphonique ou met une patte sur une touche d'un clavier d'ordinateur, effaçant par exemple un document important ! Ou simplement s'il vous fixe du regard, se frotte contre vous, voire ronronne trop fort ! Et puis, le chat, il faut toujours garder un œil sur lui ! Et si son propriétaire s'absente, ce sont ses collègues qui doivent s'en charger, alors qu'ils n'ont rien demandé. Ils peuvent ne pas apprécier ! Quand un chat est réveillé, il peut en effet faire bien des dégâts ! Contrairement au chien, il grimpe et saute, il peut renverser des objets, faire tomber des récipients contenant du liquide, par exemple sur un ordinateur ou un document ! Et puis, il pose un problème important quant à l'hygiène et au risque sanitaire. Il faut aussi que le chat soit en bonne santé, sociable et propre. Il peut vouloir marquer son territoire en faisant pipi n'importe où, il peut aussi griffer, déclencher des allergies, voire des phobies ! Car tout le monde n'aime pas les chats !

– Hélas !

– Hélas oui ! Mais c'est ainsi ! Et il y a plus ! On comprend que les animaux puissent être interdits dans certains emplois pour des raisons d'hygiène et de sécurité, par exemple dans le secteur alimentaire ou les administrations publiques, ou dans les professions qui demandent une concentration sans faille pour manipuler des instruments qui exigent une précision extrême. Les assureurs de l'entreprise ou de l'employé peuvent aussi l'interdire, car ils engagent leur responsabilité en cas de problème. Il faut en effet penser à tout ! On le voit, amener son animal de compagnie au travail, ce n'est pas gagné d'avance ! Avant tout, il faut l'accord de toutes les personnes concernées, de l'employeur comme des collègues, et il faut que l'animal y trouve son compte, lui aussi ! Cela demande en fait beaucoup de préparation, même en ce qui concerne les locaux : il faut éviter par exemple que le chat puisse accéder à de la nourriture ou fasse tomber des objets, il faut aussi lui prévoir un endroit tranquille près de son propriétaire et, bien sûr, une litière dans un coin qui ne dérange personne. Dans l'idéal, le chat doit pouvoir rester tranquille si son propriétaire s'absente, ou il doit supporter d'être tenu en laisse ou enfermé dans sa cage de transport. Cela, tous les chats ne l'acceptent pas ! Le propriétaire doit aussi donner les premiers conseils de psychologie féline à ses collègues, afin qu'ils ne perturbent pas trop le chat et le laissent tranquille s'il ne veut pas interagir avec eux Une période d'essai de quelques heures doit aussi être prévue pour voir si le chat peut s'habituer à ce nouvel environnement. Vous pouvez penser que c'est un peu compliqué et incertain, n'est-ce pas ?

– Effectivement, je ne pensais pas que cela l'était autant !

– Attention, je ne voudrais pas que ce que je viens de dire vous laisse croire que c'est trop compliqué ! Et n'oubliez quand même pas que la présence d'un chat en entreprise peut avoir des avantages. Mais cela se prépare et, si les conditions sont réunies, alors tout le monde peut y gagner, même le chat ! Être avec son maître toute la journée, cela peut lui plaire !

– Je n'aime pas trop ce mot : maître ! Je ne l'emploie jamais. Les chats n'ont pas de maîtres, vous le savez bien ! Ils n'ont que des serviteurs ! Ce sont les chiens qui ont des maîtres !

La journaliste sourit :

– Vous avez mille fois raison, Neko sensei ! Mais j'écris mes articles pour des personnes qui se croient les maîtres de leurs chats. Comprenez-moi et pardonnez-moi !

– Rassurez-vous, je vous pardonne !

Neko sensei sourit aussi, après avoir répondu ainsi. Il choisit de terminer là sa vidéo. Il poursuivit cependant la discussion avec la journaliste, mais toujours en évitant de parler de la secte Neko shinrikyō. Quelques personnes venaient d'entrer dans le bar à chats, aussi décidèrent-ils de le quitter, sans oublier cependant de caresser une dernière fois les deux chats qui s'étaient couchés auprès d'eux.

Neko sensei était satisfait : avec ses interviews du docteur Tanaka et de la journaliste, il avait matière à faire de bonnes vidéos qui pourraient avoir des milliers de vues, une fois que le montage serait fait. En attendant, il devait réfléchir à sa situation, et à ce qu'il pourrait décider quant à son avenir. Kagami lui donnait chaque jour des nouvelles de son frère et de son père, et ces nouvelles n'étaient pas pour le rassurer. Le père de Kagami était en effet surveillé par les autorités, du fait de son appartenance à la secte Neko shinrikyō, et il le supportait de plus en plus mal. En outre, il ne reniait rien de ce qu'il avait cru, malgré les révélations de la presse sur la secte. Sa foi dans le gourou de celle-ci, qui se faisait appeler le Shogun pour faire plus japonais, n'avait pas faibli d'un pouce. Son épouse et ses enfants essayaient bien de le raisonner, mais rien n'y faisait, il restait ferme dans ses convictions, à tel point qu'il voulut faire comme l'écrivain nationaliste Yukio Mishima qui s'était suicidé en 1970 par seppuku, ce geste appelé aussi hara-kiri. Après avoir pris en otage le général en chef des forces d'auto-défense à l'École militaire et fait convoquer les troupes, Yukio Mishima avait tenu un discours en faveur des valeurs traditionnelles du Japon, et appelé à la restauration par un coup d'État du pouvoir et du statut divin de l'empereur. Puis il était parti sous les huées des huit cents soldats présents pour se donner la mort par seppuku, avant d'être décapité par son aide de camp qui s'était fait lui aussi seppuku à sa suite, avec l'assistance dans les deux cas d'un membre de la milice privée fondée par Yukio Mishima.

Si le geste de l'écrivain avait été minutieusement préparé et mis en scène, le père de Kagami n'eut pas le temps de faire pareil. Quand les policiers vinrent l'arrêter, il essaya bien de se donner la mort en criant *Nippon banzai !* (*Vive le Japon !*), mais ils intervinrent à temps pour l'en empêcher. Quand il fut interrogé, il s'en référa à Yukio Mishima pour expliquer son geste, tout en affirmant que la situation était bien plus grave aujourd'hui qu'à l'époque de l'écrivain. En effet, selon lui, ce n'étaient plus seulement les valeurs du Japon traditionnel qui étaient menacées, mais c'était la survie du Japon lui-même : par suite de la baisse de la natalité, le Japon ne cessait de voir sa population diminuer. Depuis son pic où elle avait été de 128 millions d'habitants en 2009, elle en avait perdu cinq, et elle risquait de n'être que de 85 millions en 2050. Le père de Kagami voulait souligner que c'était suicidaire pour le pays, que de plus la population était vieillissante, qu'il y avait moins de mariages, que les jeunes voulaient juste profiter de la vie sans se soucier de l'avenir de la nation, qu'ils ne s'intéressaient même plus au sexe et n'étaient donc pas prêts à se marier et à procréer. Quand elle entendit ces propos, Kagami, qui était présente, eut envie de dire à son père que c'était faux, qu'elle, sa propre fille, était toute disposée à convoler en justes noces avec Masato, mais elle savait bien que ce n'était pas là le mariage dont il rêvait pour elle. Alors elle se tut, peinée de le voir s'engluer ainsi dans son mal-être. Et puis, pourquoi vouloir se tuer ? Elle ne comprenait pas. La chute de la population ? Le phénomène était mondial, ou allait le devenir, le Japon n'était pas le seul concerné, loin de là. Les valeurs traditionnelles ? Mais elles existaient encore, quoique différemment. Même elle, sa fille, rêvait d'un mariage traditionnel et d'une famille avec des enfants. Elle ne demandait pas mieux que de faire plaisir à son père, mais avec Masato ! Alors, pourquoi tout ce gâchis, cette tragédie ? Non, elle ne comprenait pas ! Au lieu des rituels d'un mariage traditionnel shintō – le sien – elle avait failli assister à des rituels funéraires bouddhistes – ceux de son père – avec crémation et dépôt de l'urne funéraire dans la maison, puis dans la tombe familiale quarante-neuf jours après. Avec peut-être ensuite, selon la tradition, le nom de sa mère, encore vivante, écrit en rouge sur la tombe, pour symboliser la volonté des époux de se rejoindre dans celle-ci. Tout cela à la place des rituels quand même plus gais d'un mariage traditionnel ! Suivis sans doute quelques mois ou années plus tard des rituels liés à la naissance d'un enfant ! Voire d'un autre, quelques années plus tard !

La presse écrite, très importante au Japon, avait déjà fait mention de nouvelles arrestations imminentes parmi les membres de la secte. D'autre part, la journaliste qui avait interviewé Neko sensei lui fit part de la publication prochaine de son article. Quand celui-ci parut, Neko sensei avait déjà été informé par Kagami de l'arrestation de son père, et de sa tentative de seppuku. Il dut rester longtemps au téléphone pour la réconforter, et il lui promit de revenir vivre très bientôt auprès d'elle, dans la région de Nara.

Neko sensei fut cependant soulagé de voir que l'article de la journaliste ne contenait rien de compromettant, tant pour lui que pour la famille de Kagami. L'article était surtout consacré aux vidéos de Neko sensei, et au bien-être que pouvaient apporter les chats, par leur seule présence ou par la ronronthérapie. La secte Neko shinrikyō y était certes mentionnée, mais c'était pour critiquer ce qu'elle avait fait, tant envers le Japon qu'envers les chats. L'article condamnait en particulier l'emploi par les médias et le public de l'expression *le putsch des chats*. Selon la journaliste, les chats n'avaient en effet rien organisé, il n'y avait pas eu de conjuration de leur part, ni à cette occasion, ni avant. Ils avaient au contraire été eux-mêmes manipulés, à leur propre désavantage. Les chats étaient, et devaient rester ce qu'ils étaient en réalité : des thérapeutes pour le bien-être des humains. Telle était la belle conclusion de l'article. Des chats thérapeutes : l'expression plut énormément à Neko sensei qui décida d'appeler ainsi la vidéo tirée de son interview de la journaliste. Une vidéo qui eut un énorme succès, tant au Japon que dans plusieurs autres pays. Une vidéo qui devait lancer bien plus qu'une mode, un nouvel art de vivre dans un monde chatoyant.

VI

Un monde chatoyant

Comme promis, Neko sensei revint donc vivre dans la région de Nara. Dès qu'il revit son petit pays, son cœur fit *doki doki*.

Les Japonais, plus que d'autres peuples, aiment bien les onomatopées qui sont souvent formées de syllabes redoublées, comme *potsu potsu* pour les premières gouttes de pluie, *shito shito*, *para para* et *zaa zaa* quand la pluie va crescendo. Quand ils parlent des chats à de jeunes enfants, ils les appellent des *nyan nyan,* les chiens étant des *wan wan*. Les Pokémon ont popularisé le cri *Pika ! Pikachu !* Si le pika est le nom d'un animal bien réel, *pika pika* est une onomatopée pour désigner ce qui est brillant. Plus surprenant, les Japonais utilisent aussi des onomatopées pour décrire des sensations ou des émotions : *kiri kiri,* c'est pour une douleur aiguë, *zuki zuki* pour des élancements, *piri piri* pour des picotements. *Utsura utsura,* c'est quand on oscille entre sommeil et réveil. *Waku waku*, c'est le plaisir que l'on ressent par anticipation, et l'on en revient donc au *doki doki* pour les battements du cœur et l'émotion qui les provoque, que ce soit du stress au travail ou un émoi amoureux. Pour Neko sensei, *doki doki* , c'était la joie et l'émotion de revoir enfin tout ce qu'il aimait : sa famille et son ami Kenta, et surtout Kagami, l'élue de son cœur. Outre, bien sûr, sa chère campagne dans la région de Nara, loin de l'agitation de Tokyo.

Après la joie des retrouvailles, Neko sensei avait aussi hâte de faire le point avec Kenta et Kagami sur leur projet de sélection d'une sorte de nouveau chat capable d'attendrir le cœur des humains afin d'apporter la paix au monde. Hélas ! cela n'avait rien donné de particulier. Il est vrai que comme les chats étaient déjà parfaits dès le départ, il eût été difficile de faire du plus-que-parfait avec ce présent déjà parfait que la nature offrait à l'humanité : le chat, tel qu'en lui-même ! Neko sensei, Kenta et Kagami s'en étaient d'ailleurs doutés dès le départ. Les autres éleveurs de chats faisaient le même constat que le trio : il était impossible d'améliorer tant soit peu le chat !

Fallait-il alors dire adieu au rêve de faire des chats des ambassadeurs de la paix mondiale, outre leur rôle de thérapeutes ? Au cours des mois qui suivirent, le trio se rendit compte que tout n'était pas perdu, car tout était lié : les chats actuels avaient déjà toutes les qualités pour être à la fois thérapeutes et pacificateurs, diplomates et écologistes – ils avaient vraiment tout pour transformer le monde !

Les vidéos de Neko sensei avaient de plus en plus de succès, et les chats étaient partout au Japon, leur pays : ils étaient devenus le thème principal des médias. L'article du docteur Tanaka faisait encore parler de lui, il avait même fait de multiples petits, des études et des contre-études sur la ronronthérapie et les bienfaits apportés par la présence des chats. Si ceux-ci étaient désormais de plus en plus acceptés dans les logements et les maisons de retraite, ainsi que sur certains lieux de travail, cela suscitait quand même des oppositions. Outre les défenseurs des chats qui s'inquiétaient à tort ou à raison, mais sincèrement en tout cas, pour leur bien-être, et les personnes qui leur étaient allergiques, il y avait ceux qui critiquaient curieusement le caractère lunatique des chats : comment se fier à eux pour apaiser la société, disaient-ils, alors que les chats pouvaient passer d'un extrême à l'autre en une fraction de seconde, du plus profond sommeil à l'agitation frénétique sans raison apparente ? Mais c'était ignorer que comme les humains, les chats pouvaient avoir eux aussi leurs mauvais jours, peut-être après une mauvaise nuit (ou journée) de sommeil ? Plus grave, d'éminents savants (peut-être liés à l'industrie pharmaceutique) contestaient les statistiques mises en avant par les pro-chats. D'après eux, il fallait tenir compte de certains biais, et tout recalculer une fois de plus. Des médias à sensation profitaient de l'occasion pour répandre des rumeurs sans fondement selon lesquelles les chats avaient plutôt un effet nocif, délétère, sur la population. Les défenseurs de la médecine officielle, comme ceux de la médecine dite traditionnelle, naturelle ou alternative, contestaient également les affirmations des pro-chats. Manifestement, les chats et la ronronthérapie ne faisaient pas que des heureux : d'autres intérêts étaient en jeu. Les professionnels craignaient ainsi pour l'avenir de leurs propres thérapies et le lobby de l'industrie pharmaceutique ne pouvait qu'envisager un déclin de la vente de médicaments si les chats et la fameuse ronronthérapie en venaient à remplacer les antidépresseurs et autres calmants. Il y eut des pressions pour que des articles anti-chats fussent publiés, avec menaces de ne plus payer de publicités dans les journaux et magazines qui auraient une ligne éditoriale pro-chats. Comme l'argent est le nerf de la guerre, ce chantage fit souvent mouche. La guerre ? On semblait vraiment s'acheminer vers une nouvelle guerre des chats – non pas chats contre chats, mais une guerre à leur sujet, entre pro-chats et anti-chats.

Un argument anti-chats qui fit couler beaucoup d'encre fut celui de la dépendance. Les anti-chats comparaient ceux-ci à une sorte de drogue. Cela avait de quoi amuser, et même ravir, les pro-chats. C'était paradoxal ! Les chats, une drogue douce, et pourquoi pas ? Quel mal y aurait-il eu à cela ? Les pro-chats ne manquèrent pas de souligner le caractère naturel du chat : le caresser doucement, se laisser bercer par son ronronnement, n'était-ce pas bien mieux que de prendre des anxiolytiques ? Aucun effet secondaire assuré, sinon celui de trouver un ami qui écoute (ou fait semblant en vous regardant de ses gros yeux) et qui apaise en ne faisant rien, donc en ne dépensant presque aucune énergie, de façon on ne peut plus naturelle, écologique. De la vraie médecine naturelle, en somme ! L'argument de la dépendance fit ainsi long feu.

Malgré les attaques, les pro-chats gagnaient cependant sans cesse du terrain. Après les chats dans leurs bars, les chats au travail et dans les maisons de retraite, les maisons de convalescence, et même dans les hôpitaux et les écoles – mais toujours quand les conditions sanitaires étaient réunies – de plus en plus de mairies créèrent des jardins à chats. Le concept était simple : mettre des chats dans des jardins publics à la disposition des citadins. Des chats sains, vaccinés et stérilisés, qui avaient vocation à devenir des saints chats, domiciliés à demeure dans ces jardins pour servir la communauté. Ce fut un grand succès : pour qui n'avait pas de chats, il y en avait à l'intérieur dans les bars à chats, et à l'extérieur dans les jardins à chats. Selon la météo, il était ainsi possible d'avoir toujours des chats à proximité pour être réconforté par leur présence apaisante. Alors que de plus en plus de lieux étaient interdits aux fumeurs, même à l'extérieur, on vit fleurir des panneaux souhaitant la bienvenue aux chats. C'était le printemps des chats !

Cet engouement pour les chats avait un effet relaxant sur l'ensemble de la société. Rien ni personne ne pouvait le contrer. Les industries et les professions menacées durent se faire une raison. Les algorithmes des premières et les méninges des secondes apportèrent tant bien que mal des solutions. Dans un cas, ce fut par la production et la vente de produits censés doper le ronronnement et la béatitude des chats, dans un autre cas ce fut par l'éclosion de cours sur la ronronthérapie et tout ce que les chats pouvaient apporter comme bienfait à chaque personne. Le chat devint d'ailleurs à lui seul toute une philosophie, avec une éthique à suivre. Tout le monde en venait à y voir ce qu'il voulait y voir. Ainsi en Chine et même ailleurs, si un chat blanc venait à s'endormir entre les pattes d'un chat noir, certains y voyaient le visage de l'harmonie du yin et du yang (les chats, eux, continuaient de dormir).

De leur côté, les chercheurs progressaient. Alors que les éleveurs n'avaient pas réussi à améliorer le chat (quelle idée folle !), les scientifiques avaient eu recours avec succès au génie génétique. Grâce à eux, le monde pouvait enfin disposer de chats chez lesquels l'allergène principal présent dans leur salive, leur urine et leur peau (et non dans leurs poils, malgré une idée reçue) qui causait tant de petits désagréments à certaines personnes, pouvait être atténué. Une sorte de vaccin ayant le même effet existait déjà. Cependant ce fut un tollé parmi les défenseurs des animaux, et des chats en particulier : pourquoi leur faire subir tout cela, alors qu'ils n'avaient aucun problème, eux ? Attention, danger ! crièrent-ils en chœur. La nature a pourvu le monde de chats moins hypoallergéniques que d'autres : que chacun fasse donc le bon choix ! Les chats transgéniques vinrent donc, ouvrirent les yeux, puis s'en allèrent.

Même génétiquement modifiés, ces chats-là ne s'étaient de toute façon pas avérés plus mignons ou apaisants que les chats naturels, les chats « bio ». Certes, les chats de petite taille les mini-chats issus de sélections et de croisements à partir de chats naturellement petits, courts sur pattes comme les Menchkins, avaient eu leur part de succès, mais ils pouvaient avoir des problèmes de santé, et puis ils n'en restaient pas moins des chats comme les autres, ils ne réalisaient pas le vieux rêve de beaucoup de personnes : avoir des chatons qui resteraient toujours chatons. Par contre, les robots félins appelés robots-chats suscitèrent immédiatement un profond engouement.

Par suite du déclin de leur population, les Japonais avaient déjà développé de nombreux robots pour remplacer les humains. La plupart n'étaient que des machines, mais certains avaient une apparence humaine remarquable, et même souvent troublante. Ces robots humanoïdes pouvaient remplacer les humains dans de multiples domaines, en fait même dans tous. Ils pouvaient faire tout ce que font les humains eux-mêmes : tenir compagnie, écouter et discuter, sans compter tous les services à la personne, même les plus intimes. Les Japonais appréciaient ces robots qui étaient toujours près d'eux, ne les contredisaient jamais et ne leur apportaient que de la pure satisfaction. Pour éviter tout caractère machinal ou répétitif, il existait différents programmes informatiques qui permettaient d'avoir avec son robot les interactions personnalisées souhaitées. En cas de problème, des services de maintenance pouvaient intervenir à distance ou, au besoin, sur place. En plus, ces robots étaient toujours bien disposés (sauf si l'on souhaitait qu'ils fussent de mauvaise humeur) et n'avaient pas besoin d'être rémunérés ou nourris. Que demander de mieux ?

Justement, cela donna une idée de génie à certains ; si les robots humanoïdes donnaient tant de satisfaction, pourquoi ne pas concevoir alors des robots-chats ? Ce n'était certes pas une idée capillotractée (autrement dit, tirée par les cheveux), tout au contraire ! Avec les robots-chats, plus de problèmes d'allergies ! Plus aucun souci quant à l'hygiène ! Plus de litière à nettoyer ! (Les litières dites auto-nettoyantes n'étaient pas parfaites.) Les robots-chats pouvaient être admis partout sans la moindre restriction, tant au travail qu'à l'hôpital, dans tous les lieux publics ou privés. Ils pouvaient être programmés pour miauler en catimini, si le bruit dérangeait. Ou pour ronronner plus ou moins fort. Ou même pour réchauffer, s'il faisait froid et que l'on voulait les utiliser un peu comme une bouillotte. Les robots-chats ne refusaient aucun service ! Ils étaient la solution ultime pour tous ceux qui ne pouvaient pas avoir de vrais chats. Nombreux étaient mêmes ceux qui les préféraient aux vrais chats, notamment les personnes âgées ou handicapées qui ne pouvaient se baisser pour attraper ceux-ci ou nettoyer leur litière. En complément ou en concurrence des bars à chats, les bars ordinaires, ainsi que les restaurants, les magasins, les salles d'attente des médecins, dentistes, avocats et d'autres professions, tous proposaient désormais des robots-chats à leur clientèle pour les apaiser et les faire patienter. Les robots-chats pouvaient aussi remplacer fort avantageusement les aquariums. Contrairement à ceux-ci, ils ne nécessitaient presque pas d'entretien. Et puis, on pouvait les toucher, ce qui n'était pas le cas des poissons ! Caresser un chat, fût-il un robot, ressentir sa douceur, sa chaleur, c'était quand même autre chose que de se contenter de regarder des poissons ! Les poissons pouvaient être beaux, mais les robots-chats l'étaient tout aussi, et même plus !

En outre, le concept du robot-chat rappelait un peu celui du Tamagotchi. Inventé au Japon à la fin du siècle dernier, le Tamagotchi est un animal virtuel (le premier au monde) qui apparaît sur l'écran d'un jeu électronique ayant la forme d'un œuf. Son nom est un mot-valise composé de *tamago* (*œuf*) et *wotchi* (*montre*). Le petit animal est tout d'abord un œuf qui va éclore. Pour qu'il vive le plus longtemps possible et soit heureux, son maître doit sans cesse s'en occuper, le nourrir, le laver et le câliner, jouer avec lui pour l'éduquer, le faire grandir et évoluer, afin qu'il devienne un ange. Dans ses versions les plus récentes, le Tamagotchi peut être relié à Internet, on peut ainsi lui offrir des cadeaux, et il peut même se connecter à un autre Tamagotchi et avoir un bébé. Comme la santé du petit animal dépend des actions de son maître qui doit être constamment aux petits soins avec lui, un lien d'affection se crée entre eux. En outre, le Tamagotchi apprend à son propriétaire, qui est souvent un enfant, le sens des responsabilités, car la santé et le bonheur du petit animal dépendent entièrement de lui. L'enfant apprend ainsi à ne pas penser qu'à lui, à tenir compte des autres. Son petit animal est comme son bébé, c'est un être qui vit et qui peut dépérir en cas de mauvais soins. Le Tamagotchi est plus vivant qu'une simple peluche, sans comporter pour autant les inconvénients d'un animal de compagnie bien réel.

Cependant, les robots-chats apportaient quant à eux tous les avantages des vrais animaux de compagnie, sans ces fameux inconvénients ! Ils étaient en quelque sorte l'évolution ultime du petit Tamagotchi ! Ce dernier, désormais un peu passé de mode, avait fait le lien entre les simples peluches et les robots-chats. Il avait aussi permis d'en apprendre un peu plus sur les robots sociaux, notamment sur la nécessité de leurs interactions avec les humains. Il était ainsi apparu que le robot idéal devrait savoir interpréter les émotions humaines et pouvoir en exprimer lui-même – ce que les robots-chats savaient faire. En outre, si les robots-chats ressemblaient à de vrais chats, cela ne posait pas le problème des robots humanoïdes : ceux-ci pouvaient gêner les humains car ils leur ressemblaient trop, ce qui les amenaient à fantasmer sur des robots qui voudraient les remplacer. Avec les robots-chats, le problème ne se posait pas – comme les vrais chats, ils ne pensaient qu'à dormir, pourvu qu'on leur en laissât le loisir !

Tout cela était fort bien, mais il n'en demeurait pas moins que l'on en restait loin du projet initial de Neko sensei : sélectionner des chats pouvant apporter la paix au monde. Encore que... Comme le Tamagotchi, le robot-chat était une invention japonaise, réservée au départ au pays du soleil levant. Les autorités japonaises voulurent en faire une arme diplomatique. Mais une arme pour la paix. Les Japonais se mirent donc à offrir des robots-chats aux pays alliés ou à ceux avec lesquels ils cherchaient l'apaisement. Au début, cela fonctionna très bien. Les diplomates, chefs d'État ou de gouvernement qui reçurent en cadeau les robots-chats en furent enchantés, et cela contribua effectivement à réchauffer leurs relations avec les autorités japonaises. Cependant, d'autres pays se mirent eux aussi à produire leurs propres robots-chats, et cette politique de la détente via les robots-chats dut être arrêtée, puisqu'elle perdait de sa force. Pire, des nations hostiles se mirent à pirater les robots-chats existants pour servir leurs propres intérêts. Comme les robots-chats étaient connectés à Internet, et que leur multiplication avait affaibli leurs systèmes de sécurité, les hackeurs de ces pays réussirent à en prendre le contrôle. Ces nations hostiles en fabriquèrent même qui étaient spécialement conçus pour l'espionnage ou la manipulation mentale. Ils pouvaient ainsi voir ce que le robot-chat voyait, ils pouvaient envoyer celui-ci télécharger des données secrètes, ou saboter un système informatique. Plus simplement, ils pouvaient aussi demander au robot-chat de se coucher sur le clavier informatique d'une personne et attendrir celle-ci pour qu'elle le laissât s'étaler ainsi. C'était peut-être anecdotique, mais cela pouvait suffire à retarder un projet important de quelques minutes ou de quelques heures – le temps, par exemple, de pirater le système informatique.

À lui seul, le robot-chat était ainsi devenu une arme redoutable pouvant remplacer des espions, ou même de charmantes espionnes dont des diplomates peuvent s'enticher, au point de leur confier des secrets sur l'oreiller. Comment résister en effet à un chat si gentil qu'il vous écoute sans rien demander, mais qui enregistre tout à votre insu, et peut même vous manipuler, vous jeter un charme pour vous rendre plus bavard que de raison ? En outre, ces robots-chats étaient reliés entre eux, formant ainsi une sorte de conjuration au bénéfice de leurs propriétaires et commanditaires. Une nouvelle conjuration, la dernière à ce jour, dans laquelle les robots-chats, étaient eux-mêmes manipulés. Heureusement, les amis des chats agissaient. En l'occurrence, ce fut le fait de hackeurs. Ils se lancèrent un défi : créer un virus informatique qui répandrait dans le monde des robots-chats une éthique les empêchant de porter préjudice à leurs propriétaires. Le défi était de taille, car cela supposait d'envisager des milliers et des milliers de situations, de mots, de comportements, et d'étudier les réponses à donner au cas par cas. Il s'agissait en somme de doter les robots-chats d'un sens moral exceptionnel, supérieur à celui du commun des mortels (humains). Un sens moral qui, ajouté au charme des robots-chats, pourrait contribuer à amener plus de sérénité sur terre. C'était, finalement, vouloir réaliser le projet initial de Neko sensei, le bonheur du monde grâce aux chats. Le défi était d'autant plus important qu'il fallait qu'il fût tenu secret. En effet, sinon, cela eût conduit illico presto à la fin des robots-chats dans le monde de l'espionnage. Mais comment contrer les services secrets du monde entier ? C'était là un autre défi, peut-être lui aussi impossible à tenir. En tout cas, dans l'ombre, les esprits s'excitèrent pour relever ces défis. Furtivement, en silence, à la manière des chats qui chassent.

Pendant ce temps-là, les chats, les vrais, ne chômaient pas. Du moins, en-dehors de leur temps de repos syndical qu'ils passaient à dormir – les deux tiers de leur vie, quand même. Bien mieux que l'inemuri ! Au Japon, il est de bon ton de travailler jusqu'à l'épuisement. C'est pourquoi, l'inemuri est acceptable. L'inemuri, c'est faire la sieste au travail, ou pouvoir dormir n'importe où et n'importe quand. En réalité, c'est dormir tout en restant présent, ce n'est pas la sieste volontaire, appelée hirune. Les chats, eux, faisaient et font plutôt la sieste hirune que l'inemuri, encore que, même endormis, ils puissent se réveiller d'un bond !

En tout cas, comme ils étaient de plus en plus admis un peu partout, leur influence sur la société grandissait, tant au Japon que dans de nombreux pays. Et là où l'on n'en voulait toujours pas, différents modèles de robots-chats, plus accessibles que ceux des espions, pouvaient les remplacer. On continuait de leur trouver à tous de nouvelles vertus, et même un rôle écologique. C'était un peu inattendu pour une espèce accusée auparavant d'être souvent nocive pour l'environnement, parce qu'elle était invasive et s'en prenait aussi aux oiseaux. Mais maintenant, comme de nombreuses personnes faisaient des rêves apaisants quand elles s'endormaient avec un chat qui ronronnait à leur côté et qu'elles se réveillaient apaisées, elles en étaient venues à croire que le ronronnement des chats pouvait aussi avoir un rôle bénéfique pour le bien-être de leurs plantes. La ronronthérapie pour les plantes était née ! Les bars à chats devinrent bientôt des petites jungles où les chats pouvaient surgir de derrière une plante, tels des fauves en quête d'une proie. Dans les logements et les bureaux, les maisons de retraite, les chats ou les robots-chats étaient désormais devenus les gardiens des plantes. Le monde animal rejoignait ainsi le monde végétal pour célébrer la vie née du monde minéral. Grâce aux chats, une sorte de boucle écologique était bouclée.

Même si ce n'était pas encore la paix mondiale, Neko sensei pouvait être fier de lui. La société japonaise était plus apaisée que jamais et, selon les informations qu'il en avait, il en allait de même dans d'autres parties du monde. Mais les chats, aussi charmants qu'ils fussent, ne pouvaient guère aider son futur beau-père dont le procès était prévu dans les prochains mois. Quant à lui-même, que pouvait-il faire pour ce futur beau-père qu'il connaissait si peu, et qui avait voulu se servir des chats d'une façon et pour un but qu'il n'approuvait pas ?

Ce qui l'inquiétait le plus, c'était de découvrir que la secte Neko shinrikyō était bien plus dangereuse encore qu'il ne l'aurait pensé. Selon les dernières informations divulguées par les autorités, elle envisageait même de faire exploser le Shinkansen, le train rapide japonais, dans le tunnel reliant l'île principale Honshū à l'île la plus septentrionale, Hokkaidō. D'autres révélations étaient encore à venir. Neko sensei craignait que la secte ne fût impliquée dans des attentats ayant fait des victimes. Auquel cas, le père de Kagami pouvait encourir la peine de mort. Au Japon, l'opinion publique reste favorable à la peine capitale, malgré le faible taux de criminalité. De longues années peuvent s'écouler, jusqu'à une vingtaine, entre l'énoncé de la sentence et son exécution, mais les condamnés ne sont prévenus de celle-ci que quelques heures avant. Le cas d'Iwao Hakamada était emblématique : arrêté pour meurtre de son patron, de son épouse et de leurs deux enfants en 1966, condamné à mort deux ans plus tard sur la base de ses aveux, il s'était cependant rétracté, affirmant avoir été battu, interrogé toute la journée pendant une vingtaine de jours, empêché de boire et d'aller aux toilettes. Condamné principalement sur la base de ses aveux, des projections de sang ne correspondant pas à son ADN avaient cependant été trouvées, mais l'accusation avait contesté leur validité. Après plusieurs procès, il avait été libéré en 2014 et rejugé entre octobre 2023 et mai 2024. Presque soixante ans après les faits ! Un record ! Depuis les années 1980, quatre condamnés à mort avaient été innocentés plusieurs dizaines d'années après les faits. Comme quoi, il ne fallait jamais désespérer !

Neko sensei frémissait cependant à ce qui pourrait arriver à son futur beau-père. Il savait comment se passent les exécutions. Elles se font par pendaison. Le condamné a les mains menottés et les yeux bandés. Il est conduit sur une trappe où on lui attache les pieds et où on lui passe la corde au cou. La trappe s'ouvre sous ses pieds, au moyen d'un mécanisme déclenché par un des trois ou cinq boutons situés dans une pièce à proximité. Les boutons sont pressés au même moment par des gardes qui ignorent ainsi qui va déclencher la mort. Par ailleurs, pendant toutes les années avant leur exécution, les condamnés vivent complètement isolés.

Près de la moitié d'entre eux doivent suivre un traitement pour supporter cette solitude.

Heureusement, on n'en était pas encore là ! Et puis, la peine de mort n'était en général appliquée que pour des meurtres multiples avec circonstances aggravantes, donc pour des crimes particulièrement odieux. La secte avait-elle commis de tels meurtres ? Elle s'en était en tout cas prise aux parlementaires, au gouvernement et à l'empereur ! Et Neko sensei connaissait si peu son futur beau-père ! Peut-être avait-il commis le pire ? Kagami le rassurait tant bien que mal, mais même elle avait ignoré que son père faisait partie de la secte Neko shinrikyō ! Quant à son frère Kenta, bien qu'en faisant partie, il n'avait été qu'un simple membre, sans aucune responsabilité, sans même connaître tout ce qu'il y avait derrière ! Leur mère, elle non plus n'avait pas été tenue dans le secret. Alors ? Alors, il fallait attendre, toujours et encore, et différer tout projet de mariage.

La Saint-Glinglin n'existant pas en japonais, il y avait cependant de l'espoir. En effet, après plusieurs longues semaines, l'horizon s'éclaircit pour le père de Kagami et de Kenta. Il s'avéra que l'on ne pouvait retenir contre lui que des charges somme toute légères. Il n'avait participé ni à la préparation, ni à la réalisation du putsch des chats. Il fut donc libéré et put rentrer chez lui pour attendre son procès. Selon son avocat, il ne risquait plus désormais qu'une peine légère, sans doute même avec sursis. Rien de trop déshonorant. Et puis surtout, la trappe de la pendaison ne s'ouvrirait pas pour lui !

Aussi bien son épouse que ses enfants essayèrent de lui faire comprendre ses erreurs. Non, le Japon n'était pas à l'agonie. Certes, les mentalités changeaient, mais les traditions demeuraient. Sa propre fille acceptait ainsi de se marier selon les coutumes du pays, alors que de plus en plus de jeunes préféraient vivre seuls. De plus, elle voulait épouser un ami des chats ! Et elle était toute disposée à avoir au moins un enfant – en plus des chats, alors que d'autres rêvaient d'avoir un chat à la place d'un enfant ! Non, elle n'était pas ce que l'on appelait « une femme à chats », vouée au célibat avec des chats ! N'était-ce pas une chance pour quelqu'un comme lui d'avoir une telle fille, et un tel futur gendre ? De quoi se plaignait-il donc ? À force de faire, ces arguments finirent par faire mouche. Le père de Kagami consentit au mariage de sa fille, qui put enfin avoir lieu, après les fiançailles de rigueur.

Comme le trio – Neko sensei, Kagami et Kenta – était devenu célèbre, ce mariage ne pouvait pas passer inaperçu. Il y eut beaucoup d'invités, selon la tradition. Même le prince héritier du Japon était présent, outre le docteur Tanaka, ainsi que plusieurs éleveurs et amis des chats. Des vidéos et des photos furent faites, mais pour une fois, Neko sensei en fut juste une des vedettes, et non l'auteur. Les chats ne furent pas oubliés : ils firent partie des vidéos et photos, à la place d'honneur avec les mariés. Ils furent aussi présents en tant que maneki-neko et produits Hello Kitty – la célèbre petite fille aux traits de chat – et de chats en peluche et robots-chats. Ils furent en fait partout, au sanctuaire shintō comme au banquet. Pour un peu, ils auraient volé la vedette aux mariés ! Après tout, pourquoi pas ? Ce mariage était leur œuvre, puisque c'était l'amour des chats qui avait permis aux mariés de se rencontrer et de s'aimer.

Neuf mois après, Kagami donnait naissance à une petite Aïko – ce prénom signifiant *enfant de l'amour*, en japonais. Ce même jour, une des chattes du couple, Aimi (*amour et beauté*) donnait le jour à six chatons : Kohana (*petite fleur*), Mana (*véritable amour*), Misora (*joli ciel*), Chibi (*tout petit*), Kuro (*noir*) et Shiro (*blanc*). Que ce soit avec Aïko ou avec la bande des six chatons, le couple s'apprêtait à en voir de toutes les couleurs, les couleurs de la vie et de l'amour. Quant à la paix mondiale grâce aux chats dont avait rêvé Neko sensei, il était ravi de la vivre déjà chez lui. Pour le reste du monde, c'était à chacun de vouloir la trouver et de vouloir la vivre, se disait-il. Si les chats pouvaient y aider, ils n'avaient cependant pas que cela à faire : ils devaient avant tout continuer à dormir seize heures par jour ! Là était la conjuration sur laquelle ils étaient tous d'accord. Leur dernière conjuration, celle qui faisait d'eux, en rêve, les maîtres du monde.

Portrait de chaton se posant la grande
question existentielle : pourrai-je-passer ma vie
à dormir seize heures par jour ?

Appendices
(par un chat anonyme)

1) La planète des chats

Les chats ne parlent pas, et comme je suis un chat, je ne peux donc pas logiquement vous raconter l'histoire qui va suivre. C'est vrai, mais grâce à l'intelligence artificielle, je peux quand même parler, ce petit problème de communication étant résolu, je vais donc pouvoir tout vous raconter. En tant que chat virtuel qui aime tchatcher, ce ne sera pas difficile. Le problème, c'est que tchatcher ou causer si vous préférez, ce peut être fatiguant, et je n'aime pas me fatiguer. Mais pour vous, exceptionnellement, je veux bien faire un effort. Après tout, si vous vous intéressez aux chats, c'est que vous méritez un petit peu d'attention.

Vous nous appelez *chats*, mais vous ne savez pas trop pourquoi. C'est le premier mystère nous concernant : il y en aura beaucoup d'autres ! Le mot viendrait d'un mot latin *cattus* provenant d'un verbe signifiant *guetter*, mais ce n'est pas sûr. Il pourrait venir en fait d'un mot du Proche-Orient. En latin, *felis* désignait le chat sauvage (d'où *félin*, en français). En gallo-romain, on parlait de *mine* – d'où les mots : *minet, minou, minette*, et l'expression *dès potron-minet* pour dire *de bon matin,* déformation de *paître au minet,* quand le minet va chercher sa pâture, tôt le matin ; une autre origine a cependant été avancée, l'expression voudrait dire : *à l'heure où l'on voit le derrière d'un chat*. Le mot *matou* est lui aussi d'origine incertaine, tandis que le nom du chat en argot, *greffier*, semble plus clair : une allusion aux griffes du chat, bien sûr, et une autre, peut-être, à la robe noire des greffiers du tribunal qui comporte un rabat blanc, le tout pouvant rappeler la fourrure du chat.

Quoi qu'il en soit, sachez que nous étions là bien avant vous. Alors que vous êtes encore une espèce toute jeune, deux ou trois cent mille ans pour *Homo Sapiens,* nous sommes là depuis plus de trois millions d'années pour l'ancêtre commun du genre *Felis*. Bien sûr, tout dépend de ce que l'on compare. Comme nous, vous avez évolué depuis plus longtemps encore, mais contrairement à vous, nous, nous avons relativement peu évolué : dès le départ, nous étions quasi parfaits. Tandis que vous... En outre, contrairement à vous, nous n'oublions pas d'où nous venons. Notre comportement le prouve. Notre indépendance de caractère témoigne que nous pouvons vivre seuls dans la nature, comme nos ancêtres. Vous nous voyez continuellement dormir, et vous pensez que nous sommes devenus indolents auprès de vous. Que nenni ! S'il en est ainsi, c'est parce que jadis nous devions nous reposer pour être toujours en pleine forme, prêts à nous réveiller en une fraction de seconde face au danger. Si nous recouvrons nos excréments (pardon d'aborder ce sujet), ce n'est pas par souci de propreté, mais parce qu'autrefois nous devions dissimuler nos traces face à nos prédateurs. Si nous faisons le dos rond en hérissant le poil, ce n'est pas par peur (peut-être un peu, si...), c'est pour nous montrer plus grands et tenter d'effrayer nos ennemis.

Entre vous les humains, et nous les chats, c'est toute une histoire. Vous nous avez adorés en Égypte et vous nous avez brûlés avec vos sorcières au Moyen Âge : tant d'amour et de haine, comment raconter cela en quelques lignes ? Il y aurait tellement à dire ! Tout est d'ailleurs allé très vite. Songez que pendant des milliers d'années, vous nous avez complètement ignorés. Vous étiez, vous messieurs, occupés à montrer vos muscles aux dames qui prétendaient sélectionner les meilleurs biceps qui leur donneraient les plus beaux enfants (issus des biceps ?). Et une fois l'affaire conclue, vous deviez partir chasser pour ramener du gibier à vos dames, lesquelles s'occupaient à plein temps de vos rejetons (selon une vision machiste contestée par les descendantes de ces dames). Un animal de compagnie ? Mais vous n'y pensez pas !

Et puis, vous vous êtes mis à l'agriculture. Pour être sûr d'avoir de quoi manger, c'était quand même mieux. Vous avez amassé des récoltes, et vous étiez bien contents du résultat du travail accompli. Jusqu'au jour où – horreur ! – vous avez découvert que de misérables petits rongeurs vous volaient les fruits de votre travail ! Ah ! les voleurs, les assassins ! Tout ça pour ça ! Ah ! damnation, rage et désespoir ! Et puis – je vous passe les détails – vous avez découvert qu'un autre petit animal, un peu plus grand quand même, aimait bien pourchasser vos rongeurs ennemis et se les mettre sous la dent. Brave bête, un peu rustre et sauvage sans doute, mais finalement bien utile ! Attention, pas de quoi copiner encore, mais c'était un début prometteur ! En tout cas, vous nous avez alors découverts, nous les chats. Mais vous ne saviez pas dans quoi vous mettiez les pieds ! Pauvres de vous, si vous aviez su ! Mais vous ne pouviez pas savoir !

Cela se passait au Proche-Orient, dans le Croissant fertile, mais ce fut au bord du Nil, en Égypte, que vous nous rendîtes les hommages qui nous étaient naturellement dus. Tout d'abord, il y a six mille ans, et même plus, peut-être huit à dix mille ans, vous avez été bien contents que l'on fût là pour protéger vos silos à grain des rongeurs (je le redis !), et chasser les vipères. Et puis nous nous sommes rapprochés, et vous nous avez adorés. Littéralement, ou presque. En fait, pour vous Égyptiens, disons que l'on symbolisait le pouvoir divin qui se manifestait à travers nous. Vous nous représentiez sous la forme d'une déesse, Bastet, et vos prêtres élevaient des chats qui étaient sacrifiés pour répondre à la demande de momies votives, portant ainsi vos messages à la déesse. Quitte souvent à fabriquer de fausses momies, tellement la demande était forte. Au XIXe siècle, les Anglais importèrent chez eux des centaines de milliers de ces momies pour en faire... de l'engrais ! Et vous dites que l'Égypte fut notre âge d'or ? Avec tous ces chats, surtout des chatons, sacrifiés pour vous ? Il est vrai cependant que ce fut en Égypte que des chats devinrent pour vous pour la première fois de vrais animaux de compagnie, mais cela ne devait pas durer, en tout cas pas tout le temps.

Il y avait à l'époque trois espèces de chats en Égypte. Le plus répandu était le chat sauvage d'Afrique, ou chat ganté, qui ressemblait aux Abyssins actuels. C'était un parfait chasseur en tenue de camouflage, grand amateur de petits rongeurs. Selon vous, c'est l'ancêtre de vos chats domestiques. Il y avait aussi en Égypte le chat des marécages, plus grand mais court sur pattes, et le chat serval, originaire de Nubie, qui vivait dans la savane. Détail amusant, vous nous appeliez « miaou », d'après notre miaulement.

Le monde perse vénéra aussi les chats et leurs yeux perçants (sic), mais beaucoup moins. S'il faut croire l'historien grec Hérodote, un souverain perse aurait disposé devant ses troupes, pour les protéger, des animaux chéris des Égyptiens : chiens, brebis, et surtout des chats, sachant que les Égyptiens n'oseraient pas s'en prendre à eux. Mais ce serait en fait une légende. Hérodote raconte encore que des chats morts étaient amenés de toute l'Égypte à Boubastis pour y être momifiés et enterrés, mais cela semble improbable. À Boubastis, on ne devait s'occuper que des chats du coin.

Après l'Égypte, le monde gréco-latin se montra moins enthousiaste à notre égard, il était d'ailleurs un peu perplexe devant cette passion égyptienne. Des Phéniciens volèrent quelques couples de chats qu'ils vendirent aux Grecs. Il y eut même un marché aux chats à Athènes. Les chats vinrent suppléer furets et belettes contre les rongeurs. Les Romains se prirent ensuite de passion pour les chats et les répandirent dans l'Empire, sans pour autant les diviniser. Au contraire, ils associèrent les chats, et plus précisément les chattes, à la luxure, aux lupanars et au sexe féminin. Mais ce n'était encore rien : la situation devait empirer par la suite avec l'avènement du christianisme. Celui-ci étant issu du judaïsme, voyons tout d'abord ce qu'il en était avec lui.

Le judaïsme fit peu de cas du chat. La Bible l'ignore, et c'est peut-être mieux ainsi quand on voit comment elle considère le chien. À l'époque de l'écriture de la Bible, chiens et chats n'étaient pas des animaux de compagnie, et les chiens errants, qui pouvaient être dangereux, étaient mal vus. Traiter quelqu'un de chien était une insulte que l'on retrouve de nos jours dans la Bible. Si celle-ci ignore les chats, un verset peu connu du livre d'Ézéchiel, au chapitre 30, fait cependant allusion aux festivités de Boubastis qui les honoraient. Pour en dire du mal, certes, mais ainsi les chats ne sont pas complètement absents de la Bible. Seul le Talmud est un peu plus positif envers les chats : selon lui, une personne ne doit pas marcher dans sa maison s'il fait sombre et qu'elle n'a pas de chat, de peur qu'un serpent ne la morde. Qu'elle prenne donc un chat !

Le christianisme, lui, a franchement persécuté les chats. Du temps de l'Inquisition, il fut perçu, surtout s'il était noir, comme le compagnon des sorcières et le serviteur du diable. Beaucoup de chats furent alors jugés, condamnés et brûlés, seuls ou avec de prétendues sorcières. Ou encore crucifiés aux portes des maisons ou noyés par sacs entiers. Par sacs entiers aussi, ils furent brûlés lors des feux de la Saint-Jean. Des chats qui auraient pu aider à combattre les rongeurs qui proliféraient, et qui portaient des puces qui elles-mêmes portaient le bacille de la peste... Pourquoi tant de haine envers les chats ? Certainement en raison de l'adoration que leur avaient voué les païens. Et puis leurs yeux qui brillaient dans la nuit passaient pour être les flammes de l'enfer. Les chats, c'étaient la malchance et le mal, l'animal du diable et des sorcières, surtout s'ils étaient noirs. Ils représentaient également la sournoiserie et les hommes les liaient volontiers de ce fait aux femmes, donc aux sorcières. On croyait même que les chats se réunissaient à l'appel du diable pour organiser des sabbats de chats : les chats-sorciers y dansaient et y parlaient comme des hommes, tout en célébrant leur maître le diable. Les chats pouvaient aussi amener les sorcières sur leur dos à leurs sabbats, ou tirer des chars pour les transporter, ce qui rappelle l'histoire de Freyja.

Dans les pays nordiques, le chat était associé à Freyja, la déesse de l'amour. Selon la légende, son père lui avait offert deux chatons. Devenus grands, ils furent à son service pour tirer son char. Les chats étaient aussi associés aux trolls, ces êtres inquiétants incarnant les forces naturelles. On racontait qu'un fermier bien aimable avait accueilli des trolls, ainsi qu'un voyageur et son ours. Ce fermier avait aussi des chats. L'ours s'endormit. Quand il se réveilla, il émit un grognement qui effraya les trolls. Ceux-ci crurent que le grognement venait d'un chat, et ils eurent désormais peur des chats. La croyance naquit alors que les chats éloignaient les trolls. Ce qui était plutôt sympathique de leur part.

En Écosse et en Irlande, Cat Sith est une créature légendaire ressemblant à un grand chat noir avec une tache blanche sur la poitrine. Ce serait en fait une sorcière pouvant se transformer neuf fois en chat noir et prendre l'âme des morts. Cependant à l'époque de la fête de Samaïn, tout le monde voulait la faire venir pour bénir la maison, sinon les vaches n'allaient pas donner de lait. On lui préparait donc une soucoupe de lait devant la porte.

Les chats furent donc diversement appréciés dans le monde chrétien. Cependant, on comptait quand même toujours sur eux pour s'occuper des rongeurs, pour récupérer leur fourrure et, au besoin, pour servir de nourriture en cas de disette. Les moines eux-mêmes comptaient sur eux contre les rats de bibliothèque (des rats au sens littéral du mot).

Après avoir été dieu et diable, le chat finit par devenir pour de bon un animal de compagnie dans la société européenne. Le Persan, notamment, commença à séduire les familles royales et l'aristocratie française et italienne à partir du XVIe siècle. Mais ce ne fut que beaucoup plus tard, à partir du XVIIIe siècle, et lors des deux siècles suivants, que la popularité du chat devint incontestable. Au XVIIIe siècle, le chat se révéla incapable de freiner l'invasion d'un nouveau-venu : le rat gris, trop gros pour lui. Cela prit du temps, mais il finit longtemps après par devenir ce à quoi il semblait destiné depuis le tout début : un animal de compagnie.

Entre-temps, l'islam lui avait fait bon accueil. Selon la légende, Satan aurait créé les souris et les rats pour grignoter l'arche de Noé. Celui-ci frappa alors trois fois le museau du lion qui éternua en produisant un chat et une chatte. Le monde était sauvé ! Mais les chats aimaient faire leurs griffes sur le bois de l'arche. Noé les punit en les obligeant à rester dehors sous le déluge.

Cela expliquerait pourquoi les chats n'aiment pas beaucoup l'eau... On dit aussi qu'un chat sauva Mahomet de la morsure d'un serpent. Mahomet était très attaché à sa chatte Muezza. On raconte qu'il aurait préféré couper son burnous sur lequel Muezza s'était endormie plutôt que de la réveiller. Muezza lui fit la révérence en remerciement, et Mahomet accorda à tous les chats la faculté de toujours retomber sur leurs pattes. On dit encore que quand il prêchait à la mosquée, il avait Muezza dans les bras, c'est pourquoi les chats peuvent entrer dans les mosquées et y dormir. Ils peuvent aussi entrer dans les maisons, alors que les chiens restent dehors. Les chats ont leur place réservée au paradis, et qui les maltraite ira en enfer. Que demander de plus, de mieux ? Et ailleurs, qu'en pensent les autres religions ?

Dans l'hindouisme, ils n'ont pas une super cote, même si le respect de tous les animaux fait partie de son enseignement. Dans l'Inde ancienne, les chats représentaient même les parias et les basses classes impures qui mangeaient de la nourriture interdite. Shiva leur avait cependant accordé neuf vies. En prime, après celles-ci, il leur avait aussi accordé l'accès au nirvana : le jackpot !

Le bouddhisme est lui aussi sympa avec les chats : ils sont les bienvenus dans ses monastères, temples et jardins où ils peuvent somnoler près des statues de Bouddha. Les chats y sont perçus comme des êtres de lumière symbolisant la spiritualité et transmettant l'harmonie et la sérénité. Aum ! On les voit même comme des petits moines apportant la paix dans les foyers, voire comme des personnes transcendées parvenues à l'illumination. Rien de moins ! Et seules les personnes au cœur pur peuvent se connecter à eux pour comprendre leurs mystères.

En Asie, d'où vient le bouddhisme, le chat est d'ailleurs synonyme de chance, de richesse et de longévité. Certes, en Chine, il a pu servir de nourriture, mais la plupart des Chinois n'ont jamais consommé de chats, et les mentalités ont changé : les chats sont de plus en plus vus comme des animaux de compagnie et protégés comme tels. La Chine, principalement, a été aussi accusée de pratiquer à grande échelle le commerce de la fourrure du chat et du chien dans des conditions horribles de maltraitance animale (animaux affolés, souvent blessés, parfois volés, entassés dans des cages qui sont déchargées des camions en les jetant par terre sans précaution). L'Union européenne a légiféré pour interdire l'importation et la mise sur le marché de la fourrure de chat et de chien.

Au Japon, le maneki-neko (« chat qui invite », en français), ce célèbre talisman en porcelaine ou céramique qui représente un chat levant la patte, est un porte-bonheur populaire qui a ses boutiques et ses festivals. Contrairement à ce que l'on pourrait croire, il ne salue pas de la patte. Au Japon, son geste a un sens différent du nôtre : c'est une invitation à s'approcher. Selon une légende (il y en a plusieurs), un prêtre, bon et généreux, vivait misérablement dans un temple délabré en partageant sa maigre nourriture avec son chat Tama. Un jour froid et pluvieux, il voulut se faire un thé pour se réchauffer, mais il s'aperçut alors qu'il n'en avait même plus. Complètement découragé, il s'endormit d'épuisement, après avoir demandé à son chat s'il pouvait l'aider. Son chat, plutôt perplexe, sortit pour se nettoyer à la manière des chats, en passant ses pattes contre sa tête. Un homme riche qui passait par là voulut se protéger de la pluie en se réfugiant sous un arbre, quand il vit le chat. En le voyant se nettoyer, il crut que le chat l'invitait en fait à venir s'abriter. Cela lui sauva la vie car la foudre s'abattit peu après contre l'arbre qui explosa sous le choc. En guise de reconnaissance envers ce chat, l'homme riche usa de son argent et de son influence pour restaurer le temple et améliorer la vie de ceux qui y vivaient. À la mort du chat, on édifia une statue en son honneur, le représentant la patte levée. Les gens de la région, considérant que ce chat avait porté chance à son propriétaire, se mirent à placer des figurines similaires dans leurs maisons et magasins. Selon une autre version, au lieu d'un homme riche, il s'agissait d'un groupe de samouraïs, ou d'un seigneur féodal, ou encore d'un empereur, mais le résultat fut le même. D'autres histoires bien différentes circulent encore, mais l'histoire de l'homme riche qui restaure le temple du chat qui lui a sauvé la vie est la plus belle.

Les chats sont depuis lors vénérés dans ce même temple de Gotoku-ji (*ji* désigne un temple bouddhiste). Des statuettes de maneki-neko y sont vendues et laissées sur place comme offrandes, ou emportées comme souvenirs. Ailleurs, à l'entrée des restaurants et des boutiques, la mignonnerie des maneki-neko et leur patte levée incitent les clients à s'avancer. Ce sont des amulettes censées favoriser les affaires et la prospérité.

Mais les maneki-neko sont plus que de simples amulettes, ces figurines sont là pour faire le lien entre le monde des mortels et celui des déités. On appelle à l'aide les déités par les statuettes. C'est une forme simple et populaire de magie. Les Japonais croient au pouvoir des chats : selon les croyances populaires, si vous prenez bien soin d'eux, ils veilleront sur vous.

D'autres légendes courent encore sur l'origine des maneki-neko Selon l'une d'elles, une courtisane aurait décapité son chat qui l'énervait. La tête du chat aurait alors écrasé un serpent. Comme la courtisane regrettait son chat, un client lui aurait offert une statue de son compagnon. Selon une autre légende, une vieille femme pauvre aurait vendu le sien pour survivre. Ce chat lui aurait demandé en rêve de lui faire une statue, en lui disant que cela lui porterait chance. Elle fit donc la statue et la vendit, puis elle fit de même avec d'autres et devint ainsi riche. C'est l'origine des maneki-neko du sanctuaire d'Imado-jinja (*jinja* désigne un sanctuaire shintō), ou en tout cas de statuettes en forme de chats qui pourraient être leur forme originelle. Quant à l'origine réelle des maneki-neko, elle est discutée : ils ont pu remplacer des talismans à connotation sexuelle (la patte levée serait l'invitation d'une prostituée) ou ils seraient liés aux croyances selon lesquelles si un chat se frotte le visage un visiteur va arriver, ou cela annoncerait la pluie, ce qui peut être une bonne nouvelle. En tout cas, les chats eux-mêmes avaient porté chance aux Japonais en luttant contre les rongeurs dans les communautés pratiquant la sériciculture. Après le déclin du commerce de la soie, les Japonais continuèrent de croire qu'ils apportaient la prospérité, et cela depuis au moins la toute fin du XIXe siècle.

Le maneki-neko peut lever la patte gauche pour attirer le client, c'est sa version féminine, davantage utilisée au travail, ou la droite, c'est sa version masculine, davantage utilisée à la maison pour attirer l'argent. Plus la patte est haute, mieux c'est, soit cela porte plus chance, soit la chance vient de loin. Tant qu'à faire, le maneki-neko peut même lever les deux pattes. Rarement les quatre ! La signification du mouvement de chaque patte varie cependant selon les époques et les régions, voire les commerces : la patte gauche serait ainsi meilleure pour les débits de boissons, la droite pour les autres commerces. De nos jours, on en voit de toutes les couleurs : outre les maneki-neko tricolores qui sont les plus populaires (ils sont blancs avec des taches noires et rousses) et qui apportent la chance, il y a les dorés qui apportent la prospérité, d'autres sont blancs (symbole de pureté), noirs (cela éloigne les esprits maléfiques ou les agresseurs), rouges (pour la protection, la santé), verts (pour la réussite scolaire et universitaire), jaunes (pour les couples), bleus (pour la protection sur la route), ou roses si l'on cherche l'amour. Ces amulettes peuvent avoir une pile ou un capteur solaire pour que leur patte bouge constamment : c'est la modernité ! Les maneki-neko peuvent aussi servir de tirelire à la place de nos petits cochons. Normal, puisqu'ils sont censés apporter fortune et richesse !

Le maneki-neko traditionnel est représenté avec un collier, une bavette, une clochette et une grosse pièce dorée qui montre qu'il apporte la richesse. Le bobtail japonais, avec sa courte queue enroulée sur elle-même, est associé par la population au meneki-neko. Ce dernier peut aussi être rapproché du daruma, une autre figurine porte-bonheur utilisée pour réaliser un vœu. De forme arrondie et en papier mâché, elle représente un moine qui a perdu ses bras et ses jambes à force de méditer. Nul chat là-dedans, contrairement à une autre figure populaire japonaise, Hello Kitty. Celle-ci a été inventée pour plaire aux jeunes Japonaises. C'est une petite fille aux traits de chat qui n'a pas de bouche, car elle parle avec son cœur. Cette absence de bouche lui donne un visage neutre qui permet à chacun de lui attribuer aussi bien ses joies que ses peines du moment. Le nom Kitty était celui d'un chat gardé par Alice dans le roman de Lewis Carroll intitulé « De l'autre côté du miroir ». Hello Ketty relève du genre kawaii (*mignon*, en français). Pour le maneki-neko, on a aussi parlé de mignonnerie féline. À signaler également que dans la tradition japonaise, d'autres chats peuvent quand même être maléfiques et sournois : le bakeneto et le nekomata. Nulle société n'est parfaite ! Mais des estampes japonaises du mouvement artistique ukiyo-e (*image du monde flottant*) ont cependant immortalisé des chats souvent plus paisibles.

En Thaïlande, selon d'anciens écrits, quand une personne ayant atteint un niveau de haute spiritualité mourait, son âme s'unissait au corps d'un chat. On raconte que lorsqu'une personne mourait, ses proches l'enterraient dans une crypte avec un chat vivant. La crypte avait un trou pour permettre au chat de sortir. Les personnes qui le voyaient savaient que le chat avait l'âme du défunt, et cela les réconfortait au plus haut point de voir ainsi le bon état de son âme.

Si les religions se sont intéressées à nous les chats, nous sommes devenus maintenant nous-mêmes une sorte de religion œcuménique ouverte à tous. Nous avons su vous frapper, à la fois au cœur et au portefeuille. Vous êtes maintenant tout disposés à ouvrir votre bourse pour nous, pour les dépenses alimentaires qui représentent un marché colossal, comme pour toutes les dépenses annexes : soins vétérinaires et médicaments, toilettage, jouets, etc. Bien sûr, il n'y a pas que nous, les chiens sont aussi concernés, et les poissons et d'autres animaux. Mais notre part du gâteau augmente, nous sommes désormais plus nombreux que les chiens dans nombre de pays, dont la France où nous sommes plus de quinze millions. En très grande majorité, nous sommes ce que vous appelez des chats de gouttière. Pour le reste, nous sommes surtout des chats siamois, chartreux ou persans. Et nous sommes en majorité stérilisés. Mais il y a aussi parmi nous les chats errants qui ne le sont pas forcément, et les harets qui ne le sont pas. Comme ce sont de grands chasseurs, ils menacent la biodiversité en tuant oiseaux, reptiles, amphibiens et insectes, dont certains font partie d'espèces protégées. La situation peut être délicate sur des îles où les espèces locales n'ont pas eu le temps de s'adapter à ces nouveaux venus. Tout cela peut vous sembler bien loin. Chez vous, vous ne le voyez pas, vous ne voyez que nous, vous n'avez d'yeux que pour nous. À propos d'yeux, nous sommes enfin redevenus vos dieux. Nous trônons dans vos salons, nous dormons dans vos lits, et vous nous servez à manger quand nous vous le demandons. Certes, il y a encore quelques esprits obtus qui ont du mal à nous obéir, qui n'ont toujours pas compris le sens de l'histoire, mais nous avons bon espoir de les mettre rapidement au pas, comme nous l'avons fait pour tous les autres. Cela a pris du temps pour vous soumettre, mais dans l'ensemble, c'est chose faite, et c'est très bien ainsi. Et c'est même bien pis pour vous que vous ne le pensez ! Là, c'est de votre faute : vous avez décidé que les bébés chats – les chatons, en bon français – c'était trop chou, et tellement plus facile à élever que les bébés humains ! Vous avez alors décidé de remplacer vos bébés par nos bébés ! Et le tour était joué : nous allions enfin être les maîtres du monde ! En effet, comme vous ne faites plus d'enfants, ou en tout cas plus assez, vous avez un surplus d'affection à donner, et à qui le donner, sinon à vos animaux de compagnie favoris ? Certes, pendant un temps il y a eu aussi les chiens. Mais les chiens, s'ils sont bien mignons, affectueux, obéissants, sont aussi bien encombrants, il faut s'en occuper tout le temps, les caresser, les promener, leur parler, tandis que les chats, vous pouvez les laisser tranquilles, pourvu que vous leur donniez à manger et que vous fassiez leurs quatre volontés, ils vous laisseront une paix royale. Exit les chiens donc, il ne restait plus que nous, les chats ! La planète était à nous, nous étions devenus les maîtres du monde. Et cela naturellement, et grâce à vous, sans la moindre conjuration de notre part. Fin du livre. (Sauf que tout cela, c'est juste l'histoire officielle. Mais la vérité est ailleurs, et il est enfin temps de la révéler au grand jour...)

2) La vraie vérité enfin révélée sur l'origine des chats

Que les chats fussent destinés à régenter le monde, il ne viendrait à personne de raisonnable de le contester ouvertement. Quand on les voit s'étaler et ronronner sur les lits et les canapés, cela semble l'évidence même. Encore faudrait-il expliquer pourquoi, et comment tout cela a commencé – comment la Terre est devenue la planète des chats. Vous le savez, l'histoire des chats commence en Égypte. Et, très curieusement, dès le début, les chats ont été adorés. N'est-ce pas étonnant ? Si, assurément ! Mais tout s'explique si l'on comprend l'origine des chats !

Pour la comprendre, il faut donc tout d'abord s'intéresser à l'Égypte ancienne, et tout particulièrement à ce qu'elle a produit de plus remarquable, les pyramides du plateau de Giseh. Celles-ci n'en finissent pas de vous étonner, et c'est bien compréhensible. La pyramide de Khéops, haute de 137,5 mètres (146,58 mètres à l'origine, soit 280 coudées royales anciennes) a été le bâtiment le plus haut du monde jusqu'en 1311, quand la flèche de la cathédrale anglaise de Lincoln fut dressée (160 mètres de hauteur). Elle est encore probablement le bâtiment le plus massif au monde. Son poids estimé est de cinq millions de tonnes. Plus ou moins... Des sept merveilles du monde antique, c'est la seule qui subsiste encore, alors même que c'est pourtant la plus ancienne. Par comparaison, la tour Burj Khalifa est certes un peu plus haute (828 mètres, c'est vrai, en attendant les mille mètres de la Jeddah Tower en Arabie Saoudite), mais à l'intérieur, c'est beaucoup de vide. Énormément de vide ! Il en va de même pour ces gigantesques bâtiments que sont le Pentagone de Washington et le palais du Parlement de Bucarest – des bâtiments beaucoup moins hauts, mais très étendus. Au Mexique, la grande pyramide de Cholula était elle aussi plus étendue que celle de Khéops, mais moins haute et beaucoup plus récente (elle a été bâtie à partir du IIIe siècle avant J.-C.). Tous ces bâtiments ne sont donc pas comparables et, du fait de son ancienneté, la grande pyramide n'en garde pas moins toute sa prééminence.

La pyramide de Khéops a été édifiée il y a plus de 4500 ans, vers 2560 avant J.-C. sur une période estimée de vingt-trois ans par dix mille ouvriers. C'est en tout cas ce que vos savants pensent. Elle est à base carrée de 440 coudées royales anciennes (environ 230,5 mètres). On estime qu'elle est constituée de 2,3 millions de blocs de pierres, mais on s'en doute, nul n'a jamais pu les compter... À l'origine, elle était recouverte d'un revêtement de pierres calcaires blanches, finement jointoyées et polies, qui renvoyaient les rayons du soleil. Cela en faisait une magnifique colline de lumière, d'une splendeur éblouissante. C'était comme une échelle qui reliait le monde des morts et des vivants au ciel. Ce qui frappe encore aujourd'hui, c'est la grande précision avec laquelle la pyramide a été construite. Ses quatre faces sont légèrement incurvées, ce qui leur permet de marquer les équinoxes. Elles sont aussi orientées selon les quatre points cardinaux, et les couloirs de ventilation pointent vers des étoiles précises. Ceux qui ont construit la grande pyramide ont en quelque sorte réalisé la « quadrature du cercle ». Le nombre d'or et le nombre pi se retrouvent dans les dimensions de la pyramide. Si l'on divise le périmètre de sa base par le double de sa hauteur, on obtient le nombre pi. Les faces du monument sont formées de deux moitiés d'un rectangle d'or, ce qui a déterminé de fait sa hauteur, dès que la longueur de la base fut choisie. Dans un rectangle d'or, le rapport des côtés est en effet le nombre d'or. Ainsi réalisée, la pyramide ne pouvait être qu'une merveille de beauté et d'harmonie. Signalons aussi qu'elle est pour ainsi dire au centre du monde, à la croisée des trois continents anciens, comme Jérusalem sa voisine, ou le Croissant fertile. L'Europe, l'Asie et l'Afrique se rencontrent ici ou à proximité. C'est la terre de la Bible, du jardin d'Éden, de l'arche de Noë : tout est ici ou juste à côté. Nul doute que des connexions existent aussi avec les sites les plus emblématiques d'Amérique, notamment avec leurs pyramides et les lignes de Nazca. Comment tout cela est-il possible ? Cela peut-il d'ailleurs être possible ?

Oui, c'est possible, et bien plus que vous ne pourriez le penser ! En fait, la pyramide de Khéops ouvre la porte à un monde inconnu et étrange. Un monde qui nous renvoie aussi à toutes ces merveilles mystérieuses du monde ancien, comme les statues de l'île de Pâques, les lignes ou géoglyphes de Nazca, les monuments mégalithiques de Stonehenge, de Bretagne et d'ailleurs, les ruines de Machu Picchu, la grande muraille de Chine ou les pyramides d'Amérique latine. Comment tous ces grandioses monuments ont-ils pu être construits, compte tenu des connaissances et des moyens limités de l'humanité à leur époque ? Des monuments construits avec une précision étonnante, stupéfiante, sans ingénieurs et sans plans, selon le nombre d'or et le nombre pi, tout en permettant des connexions astronomiques lors des équinoxes et des solstices ?

En fait, il apparaît clairement que la démesure, la complexité et la précision de construction de tous ces monuments sont incompatibles avec ce que pouvaient réaliser les peuples anciens. Tout cela ne peut s'expliquer que par l'intervention de forces supérieures. S'il ne peut s'agir d'humains, il ne peut donc s'agir que d'êtres venus d'ailleurs. Mais d'où ? Il ne peut y avoir qu'une seule explication.

Certains ont voulu contester le fait que des extraterrestres eussent pu jadis entrer en contact avec les terriens. Cependant, les preuves abondent, et elles sont là depuis toujours sous vos yeux. Il y a d'abord certaines représentations d'engins extraterrestres dans des grottes ornées, comme celle d'Altamira en Espagne, et celle de Cougnac, en France. Il y a aussi les représentations antiques, dans plusieurs parties du monde, d'êtres qui ressemblent étrangement à des astronautes. Au Pérou, certaines lignes de Nazca ressemblent, elles, à des pistes d'atterrissage. Un géoglyphe est même surnommé « l'astronaute ». Il ressemble étrangement à un être humain portant un casque et une combinaison. À côté, on trouve des dessins de triangles, et la stylisation d'une comète. Comme si des humains avaient vu des engins spatiaux lors du passage d'une comète... Et puis il y a enfin des écrits qui portent témoignage de leur venue sur terre. Plusieurs auteurs ont pu faire ainsi un lien entre leur venue et les grands mystères du passé, tels qu'ils sont racontés, comme ceux du déluge ou de l'Atlantide. Ou encore avec des mystères plus récents, comme ceux liés au triangle des Bermudes. Les considérations liées aux champs magnétiques, aux ondes et à la physique quantique sont aussi à retenir. On a ainsi pu parler, à propos de certains sites mystérieux, de champs d'ondes de forme générés par l'énergie cosmique. Beaucoup reste à découvrir en ces domaines. En tout cas, tout cela indique bien que les extraterrestres sont venus sur la planète Terre dans des temps immémoriaux.

Mais attention ! Il faut rester prudent, et ne pas croire n'importe quoi ! Par goût du mystère, il ne faudrait pas perdre toute rigueur scientifique ! La théorie dite des anciens astronautes, ou astroarchéologie, a ainsi été critiquée comme étant de nature pseudo-historique et pseudo-scientifique. De fait, dans cette théorie, tout n'est pas à retenir. Il faut avant tout savoir garder son esprit critique. Les partisans de cette théorie aiment bien mettre en avant des dessins censées représenter des extraterrestres et leurs véhicules. Pour ces derniers, la ressemblance peut, en effet, être troublante. Mais en ce qui concerne les représentations d'extraterrestres, elles ressemblent étrangement à des êtres humains. Pourquoi les extraterrestres devraient-ils donc avoir la même forme que vous, les humains ? Il n'y a aucune raison valable à cela. Venant d'une autre planète, ou de plusieurs, où les conditions de vie sont différentes, dont notamment la gravité qui n'est pas la même que sur Terre, ils pourraient tout aussi bien avoir des formes fort différentes. En fait, ils le devraient même forcément ! Nous verrons que tel est bien le cas. Afin de le démontrer, nous allons nous intéresser à trois éléments indissociables : 1) la déesse Bastet ; 3) le sphinx de Giseh ; 3) la Bible.

Je vous ai déjà parlé de Bastet, mais il faut y revenir ! Dans l'Égypte antique, Bastet était la déesse protectrice des femmes enceintes, des enfants et du foyer. C'était aussi la déesse de la fécondité, de la joie et de la chaleur du soleil. Fille du dieu soleil Râ (Rê, si vous préférez), Bastet était la déesse bienveillante protectrice de l'humanité qui stimulait l'amour charnel, ce qui plaisait aux messieurs égyptiens. Elle était représentée sous la forme d'un chat, ou d'une femme à tête de chat, ou parfois encore d'une lionne guerrière, Sekhmet, instrument de la vengeance du soleil, car le félin sommeillait toujours en elle, prêt à lutter contre le serpent Apophis qui voulait contrecarrer la course de l'astre solaire. Bastet avait donc un double visage. Elle était ainsi à la fois douce et sauvage, mais c'était sa forme bienveillante, à la figure de chat, qui prédominait. Bien que divinité discrète, elle n'en était pas moins populaire. Son temple à Bubastis aurait été à son époque, selon Hérodote, le plus beau du pays avec le plus de fidèles. Il était entouré d'un canal, ce qui en faisait une île. À l'intérieur trônaient une statue massive de Bastet et des chats sacrés entourés de leurs prêtres. La fête de Bastet donnait lieu à des réjouissances qui attiraient des milliers de personnes qui dansaient, chantaient, buvaient du vin et offraient des sacrifices. Les chats trépassés étaient apportés pour être embaumés et enterrés dans des urnes sacrées au fond de galeries souterraines. Ils faisaient ainsi le lien entre leurs maîtres et les dieux. Avec Bastet, l'Égypte antique s'adonnait donc à la zoolâtrie et, plus précisément, au culte des chats, par l'intermédiaire d'une déesse chatte. Rappelons que partout dans le monde, le premier des dieux fut une déesse, la déesse mère. Comme Bastet donc, qui était aussi la déesse de la maternité. En Égypte, les chats incarnaient en tout cas l'esprit de Bastet. Ils déambulaient dans les palais, et leur démarche silencieuse, toute empreinte de grâce, ne pouvait que refléter la majesté des dieux.

Venons-en maintenant au mystérieux sphinx de Giseh. C'est une sculpture monumentale monolithique de 73,5 mètres de longueur, 14 mètres de largeur et 20,22 mètres de hauteur. Dans sa catégorie, c'est la plus grande sculpture au monde. Le sphinx date de 2500 avant J.-C. et est attribué au pharaon Khéphren ou à son père Khéops. D'une masse d'environ 20 000 tonnes, le sphinx a été taillé dans la roche calcaire sur un promontoire naturel de quarante mètres de hauteur. Il est orienté vers le levant et assurait la fonction de gardien du site ou du temple solaire édifié à côté de la pyramide de Khéops. Sa tête pourrait représenter un souverain, et son corps serait celui d'un lion. Ses pattes tendues ont été ajoutées en maçonnerie, et des blocs de calcaire ont été apposés par la suite. À l'origine, ou à une époque ultérieure, le sphinx devait être recouvert de plâtre peint en rouge, avec des éléments en bleu et jaune sur la tête. Le sphinx a subi les ravages du temps (ensablement, vent, pluie, érosion) et a été maintes fois restauré. Son nez aurait été endommagé au XIVe siècle par un soufi iconoclaste qui le prenait pour une idole païenne (les paysans lui apportaient des offrandes pour favoriser leurs récoltes). Quelques siècles plus tard, une histoire plus ou moins similaire devait se répéter en Afghanistan, avec les bouddhas de Bâmiyân... Selon une théorie qui fait du sphinx une représentation du dieu Anubis, son corps serait en fait celui d'un chien, et non d'un lion. Mais si l'on s'en tient au lion, on ne peut manquer de faire un rapprochement avec Bastet, parfois représentée comme une lionne. Même si un tel rapprochement est inattendu, car le culte de Bastet est postérieur à l'époque du sphinx, il n'est cependant pas à ignorer. En outre, si vous mettez la photo d'un chat allongé à côté d'une photo du sphinx, la ressemblance est frappante. Le sphinx ne serait-il donc pas en fait un chat ?

Vous pensez peut-être que nous nous sommes par trop éloignés de notre sujet, celui des extraterrestres. Détrompez-vous ! Nous allons bientôt voir ce qui relie la grande pyramide, Bastet et le sphinx à ce sujet. Mais auparavant, nous devons nous tourner vers la Bible. Pourquoi ? Parce que ce livre antique (en fait une collection de livres datant de plusieurs époques et ayant plusieurs auteurs), très largement diffusé, a la prétention de décrire la création du monde. Chacun connaît son tout premier verset : « Au commencement, Dieu créa les cieux et la terre. » Mais ce verset est plus complexe qu'il n'y paraît. En hébreu, c'est « Bereshit bara Élohim ». Le mot « bereshit » associe le mot « beth », qui représente le lieu, l'espace, avec le mot « reshit », qui représente la tête, autrement dit ce qui est prioritaire dans le temps, ce qui fait le commencement. « Bereshit », c'est donc le début de l'espace-temps – un concept bien moderne mis en avant par Albert Einstein avec la théorie de la relativité.

Fort bien, mais là n'est pas l'essentiel ! Le mot qui a fait couler beaucoup d'encre, c'est « Élohim ». En effet, ce mot est au pluriel : en hébreu, la désinence « im » est toujours la marque du pluriel, et il n'existe pas de pluriel de majesté (comme en français « *Nous*, Louis, roi de France, *décidons* que... »). Traduire « Élohim » par « Dieu » au singulier pose donc problème. « Élohim » est le pluriel du nom attribué à Dieu, qui peut s'écrire « El », « Éloha », ou « Éloah ». Du reste, le texte en français confirme ce pluriel. Quelques versets plus loin, Élohim s'exprime ainsi : « *Faisons* l'homme à *notre* image, à *notre* ressemblance... », et encore « Voici que l'homme est devenu comme l'un de *nous*. » Le mot « Élohim » devrait donc être traduit par « les dieux ». Même si – et c'est là une autre difficulté – ce mot peut avoir un verbe au singulier : « Élohim créa... » Il peut aussi avoir un verbe au pluriel et être précédé de l'article défini (en français, cela fait « *les dieux* »). Les exégètes ont du mal à expliquer cela. Le plus simple est de penser que les scribes ont essayé de transformer les Élohim (au pluriel) en un Dieu unique. Le terme « YWHV », traduit aujourd'hui par « Yahvé » est ainsi employé pour désigner ce Dieu unique. Mais il peut aussi être accolé à « Élohim », ce qui donne « YWHV Élohim » qui pourrait ainsi être traduit par « le dieu des Élohim » ou « le chef des Élohim ». Le terme « Élohim » lui-même ne désigne pas que Dieu ou des dieux, il peut aussi désigner des rois, des anges, ou même des humains. Il est en tout cas vain de l'expliquer par le dogme de la Trinité qui n'est qu'une invention bien ultérieure, conçue par des théologiens embarrassés pour définir leur divinité. Elle suppose l'existence d'un Dieu, de son fils divinisé (le dieu « inattendu », Jésus) et d'une entité nouvelle appelée le Saint-Esprit. Lors de l'écriture du premier livre de la Bible, la Genèse, on en était bien loin. Le plus simple reste donc de traduire le mot « Élohim » par « les dieux ». Mais qui étaient donc ces Élohim ? Là est la question !

S'ils ont créé « les cieux et la terre », c'est que, forcément, ils venaient d'ailleurs : c'étaient donc des extraterrestres. Oui, mais d'où venaient-ils ? Et surtout, qui étaient-ils ? Pour répondre à ces questions, la Bible et l'histoire nous montrent le chemin de l'Égypte – c'est ce que nous venons de voir. Quel est alors le rapport entre l'Égypte et les Élohim ? On a vu que les chats étaient soudain apparus en Égypte et qu'ils avaient fini par y être adorés. On a vu aussi que le sphinx était un félin, tout comme Bastet, la déesse à tête de chat. Se pourrait-il alors que les chats soient... les Élohim ? Je vois tout de suite la tête ahurie des sceptiques, et tout d'abord celle des spécialistes de la Bible ! On a vu que les Élohim avaient créé l'homme à leur image. Dans d'autres versets de la Genèse, il est dit que l'homme sera comme les Élohim s'il mange le fruit défendu et, effectivement, quand il l'a fait, les Élohim constatent qu' « il est devenu comme l'un de nous ». Mais les chats ne ressemblent pas à l'homme ! Pas vraiment ! En outre, les dessins de cosmonautes antiques ressemblent, eux aussi, à des hommes, et non à des chats. Alors ? Alors, n'oublions pas que tout cela se passait en des temps anciens. Il est normal que, depuis, les hommes aient voulu se réapproprier leur passé, et se soient rêvés Élohim à la place des Élohim, en les créant à leur tour à leur image à eux, en leur donnant une forme humaine, d'abord au pluriel (les dieux), puis au singulier (Dieu). Ils auraient alors réécrit l'histoire à leur façon. La fiction aurait remplacé la réalité. Réfléchissez un peu ! Certes, on a prétendu avoir découvert des ossements de chats antérieurs à leur culte en Égypte. Certes encore, d'un point de vue anatomique, les chats semblent semblables (à ce qu'il semble !) aux autres félins. Mais là justement est leur astuce : la dissimulation ! Car les chats sont des maîtres pour se cacher et cacher leur jeu. Voyons donc les preuves qui montrent que les chats sont des êtres venus d'une autre planète. En fait de preuves, il faudrait plutôt parler d'indices, car les chats sont trop malins pour se révéler entièrement, du moins tant qu'ils n'en ont pas décidé autrement.

Le premier indice vous a déjà été révélé : c'est l'apparition soudaine des chats en Égypte, et leur divinisation. Les chats y étaient en effet vénérés, et il était interdit de les exporter. C'étaient les animaux de compagnie préférés des Égyptiens. À leur mort, ceux-ci portaient le deuil, comme pour un membre de la famille. Les chats étaient embaumés et enterrés dans des cimetières le long du Nil. Quiconque tuait un chat risquait la peine capitale. On raconte ainsi que ce fut ce qui arriva quelques dizaines d'années avant notre ère au conducteur d'un char romain qui avait écrasé accidentellement un chat : il fut aussitôt mis à mort. À l'image de Bastet, plusieurs dieux égyptiens étaient des chats. Même Râ, le dieu du soleil, a été représenté sous la forme d'un chat.

Un autre indice est plus étonnant, c'est celui du ronronnement du chat : encore aujourd'hui, les spécialistes ne peuvent pas totalement expliquer comment et pourquoi les chats ronronnent. D'autres félins, comme les guépards, ronronnent certes aussi, mais pour les chats, c'est une particularité remarquable qui interroge, comme un mystère qui semble nous cacher un univers inconnu. En effet, ils n'ont pas d'organe spécifique pour ronronner. On parle bien d'un oscillateur neural rythmique et répétitif localisé dans le cerveau qui agirait sur les muscles laryngés et les ferait vibrer, ce qui déclencherait la séparation des cordes vocales et le ronronnement. Mais tout cela reste encore bien mystérieux. Quant à savoir pourquoi les chats ronronnent... Ils ronronnent quand ils sont contents, mais aussi quand ils souffrent. Alors ? Ce n'est pas simple ! On pourrait en dire autant de leurs miaulements qu'ils semblent réserver en priorité aux humains, plutôt qu'entre eux. Tout cela suscite bien des interrogations.

La morphologie du chat est un autre indice : repliez les oreilles du chat vers l'arrière, et vous ne manquerez pas de voir un authentique extraterrestre ! Faites l'expérience, et vous comprendrez ! C'est assurément là une preuve indiscutable, flagrante comme le nez au milieu de la figure !

Les yeux du chat sont aussi étonnants, surtout la nuit. Leur bonne vision nocturne est connue. Leurs yeux qui scintillent dans la nuit comme des étoiles semblent révéler toute leur origine. Mais il y a plus : regardez votre chat, ou tout autre chat, les yeux dans les yeux : comment pourriez-vous douter qu'il vienne d'une autre planète ?

Le comportement du chat est un autre indice : alors qu'il est est profondément endormi, comme s'il était parti en rêve à des milliers de kilomètres, il peut brusquement se réveiller en moins de deux pour disparaître aussitôt. Son agilité est hors du commun, il est capable d'effectuer des sauts spectaculaires. Il peut aussi se faufiler partout, on pourrait croire qu'il a le pouvoir de traverser la matière. En outre, le chat semble défier les lois naturelles : il peut se maintenir en équilibre dans des conditions extrêmes et, même s'il tombe, il trouve le moyen de tomber sur ses pattes. Cela semble défier ce que l'on appelle la loi physique du moment angulaire. Le chat en chute libre lève le dos, rétracte les pattes et pivote son corps selon deux axes rotatifs distincts, ce qui lui permet de se poser indemne. En cela, il fait preuve d'une dextérité stupéfiante. Trop stupéfiante pour être naturelle ? À vous de juger ! En tout cas, il semble défier la mort. On dit d'ailleurs que les chats ont plusieurs vies, six, sept ou neuf, selon les cultures. Ils ont six vies dans les cultures turque et arabe, peut-être parce que ce chiffre est associé à Satan et à la sorcellerie. Ils ont sept vies dans la péninsule ibérique et dans d'autres pays, parce que, au contraire, c'est un chiffre porte-bonheur. Mais on parle davantage des neuf vies du chat. La capacité des chats à se tirer d'affaire dans des situations difficiles ou improbables peut expliquer cette croyance largement répandue.

Selon les croyances égyptiennes, il y avait neuf dieux principaux, neuf était donc leur chiffre porte-bonheur, et les chats pouvaient se réincarner en humains après leurs neuf vies. En Inde, selon la légende, un chat avait prétendu à Shiva qu'il pouvait compter jusqu'à l'infini, mais il commença à bâiller au chiffre sept et s'endormit quand il arriva au chiffre neuf. Shiva décida alors d'accorder neuf vies aux chats. Des légendes celtiques racontent aussi l'histoire d'une sorcière qui pouvait passer de la forme de femme à celle de chat, huit fois seulement. À la neuvième fois, elle devait garder la forme de chat. À propos des femmes du Moyen Âge possédant un chat, surtout s'il était noir, on disait d'ailleurs à peu près pareil : que c'étaient des sorcières pouvant se transformer en chat, et cela pendant neuf fois. À cette époque, malgré les massacres dont ils faisaient alors l'objet, les chats étaient toujours là. Cela accréditait ainsi l'idée qu'ils avaient plusieurs vies.

Le chiffre neuf s'explique parce que c'est le dernier des chiffres, et qu'il est proche de l'infini. Si le chiffre sept incarne la perfection (les sept jours de la semaine...), le chiffre neuf va plus loin (les neuf mois de la grossesse...). Dans de nombreuses cultures, de l'Égypte ancienne aux Aztèques (où il y avait neuf cieux que l'âme devait franchir pour atteindre le repos éternel), en passant par la Grèce (avec les neuf muses de l'art), la Chine et le taoïsme, le christianisme même (Jésus est mort à la neuvième heure), c'est un chiffre important qui ouvre sur un autre monde. D'ailleurs (justement), quel que soit le chiffre avec lequel on le multiplie, quand on additionne les chiffres du résultat obtenu, on obtient toujours le chiffre neuf ou un nombre qui est multiple de neuf. Exemple : 9 x 47 = 423. Et : 4 + 2 + 3 = 9. Ou : 9 x 72 = 648. Et 6 + 4 + 8 = 18, soit 9 x 2. Attribuer neuf vies aux chats n'est donc pas anodin. C'est reconnaître qu'ils ne sont pas de simples mortels comme vous, c'est découvrir qu'il y a plus à découvrir à leur sujet que l'on ne pourrait le penser.

Mais il y a encore plus ! La grâce naturelle des chats interpelle aussi, ainsi que leur indépendance : ils ne sont vraiment pas comme les autres ! Ils ne sont pas comme les chiens, par exemple, tout dévoués à leurs maîtres. En fait, qui oserait prétendre que les chats aient des maîtres ? Peut-être des esprits simples qui n'auraient rien compris aux chats... Comment des dieux pourraient-ils avoir des maîtres ? L'idée semble pour le moins farfelue. Non, les chats se comportent eux-mêmes en seigneurs et maîtres. Ils demandent, et ils obtiennent. N'est-ce pas là la preuve d'une intelligence exceptionnelle, non naturelle ?

Vous me dites que vous ne croyez toujours pas que les chats soient des dieux, les fameux Élohim, que tout cela est parfaitement absurde et n'a aucun sens ? Que les chats ne peuvent pas avoir construit les pyramides, les statues de l'île de Pâques ou les lignes de Nazca, et que tout cela est complètement ridicule ? Fadaises et foutaises, pensez-vous ? Mais pardon, excusez-moi, vous y connaissez quoi, vous ? Nous parlons ici de vérités révélées dans les textes sacrés, et cela ne se discute pas. C'est aussi le témoignage éternel des pierres, de l'histoire et de la science. Et puis, je n'ai jamais dit que c'étaient les chats qui avaient construit la grande pyramide et les autres monuments ! Les chats ne sont pas si bêtes ! En tant que maîtres du monde, ils ont inspiré les hommes afin qu'ils fassent le travail pour eux. On a vu que les Égyptiens avaient dressé des statues à Bastet, la déesse à tête de chat. Tout ce qu'ils ont fait, les pyramides, le sphinx, tout cela relevait du culte et des services dédiés aux chats, leurs maîtres, les Élohim. Certes, tout n'est pas encore très clair, mais le mystère est le domaine des chats. Par exemple, à quoi pouvait donc servir la grande pyramide, ainsi que les autres ? On a parlé de tombeaux, bien sûr, mais aussi de balises d'atterrissage pour les vaisseaux spatiaux des extra-terrestres, ou de centres d'archivage de l'Atlantide (une civilisation elle aussi inspirée par les Élohim-chats) cachés sous le sphinx, ou même de centrales énergétiques (pour le confort des Élohim-chats). Peut-être ! Qui sait ? Comment savoir ? Aujourd'hui comme hier, comment pourriez-vous savoir ce qu'il y a dans la tête des chats ? Qu'ont-ils voulu faire en inspirant les hommes d'élever ces monuments ? Cela reste un mystère.

À propos des vaisseaux spatiaux des Élohim-chats, il n'est même pas sûr qu'ils en aient eu besoin. En effet, avez-vous jamais entendu parler du chat de Schrödinger ? Non, ce n'est pas le chat d'une personne en particulier, comme le chat de la mère Michel. En fait, c'est un chat qui n'existe pas. Pourquoi en parler, alors ? Parce qu'il est très important. Monsieur Erwin Schrödinger était un physicien qui avait imaginé une expérience de pensée en 1935 (eh oui ! ce n'est pas tout récent) afin de mettre en évidence les lacunes supposées de l'interprétation de Copenhague de la physique quantique, et notamment le problème de la mesure. Dit comme cela, on n'y comprend rien, je sais. Mais ne vous découragez pas, je vais vous expliquer (ce qui ne veut pas dire que vous comprendrez mieux après).

Schrödinger disait de prendre un chat (en pensée, non en vrai) et de l'enfermer dans une boîte (les chats adorent les boîtes, moins quand ils y sont enfermés). Dans la boîte, il y a un flacon de gaz mortel et une source radioactive (c'est un peu bizarre comme boîte, mais vous n'êtes pas là pour discuter de cela). Si un compteur Geiger détecte un certain seuil de radiations, le flacon est brisé et le chat meurt (pauvre chat !). Mais selon l'interprétation de Copenhague, il est à la fois mort et vivant. Ce n'est que si nous ouvrons la boîte que nous pourrons observer si le chat est mort ou vivant.

Explication (c'est vrai, c'est ici un mot un brin bien prétentieux) : dans la physique quantique, la description du monde repose sur des amplitudes de probabilités ou fonctions d'onde qui peuvent donner lieu à des états superposés. Cependant, lors d'une opération de mesure, l'objet quantique sera trouvé dans un état déterminé, avec des probabilités qu'il soit dans tel ou tel état. Selon l'interprétation de Copenhague, c'est la mesure qui fait bifurquer l'état quantique superposé (un atome à la fois intégré et désintégré) vers un état mesuré. Mais ce n'est pas simple, et les notions de mesure et de bifurcation font débat dans le milieu scientifique.

C'est clair ? Pas sûr ! La physique quantique concerne le monde étrange des particules. Comme c'est le monde de l'infiniment petit, on peut concevoir qu'il s'y passe des choses étranges. Mais si on l'applique à notre monde (et à celui des chats), celui que nous voyons, cela donne lieu à des situations improbables. C'est ce qu'avait voulu démontrer Erwin Schrödinger. La question était de savoir pourquoi ce qui était possible dans le monde quantique était impossible dans notre monde à nous (et à celui des chats).

Selon les explications supposées de l'expérience (et en simplifiant abusivement) : la superposition chat mort-vivant serait très très courte, il n'y aurait pas besoin d'observateur (selon une expérience sur des particules, l'état superposé disparaît avant même qu'on ne l'observe, le chat ne serait donc pas à la fois mort et vivant pendant un temps significatif), ou l'expérience ne décrit pas la réalité, ou au contraire elle ouvre la voie à des univers parallèles ou multiples, ou c'est la conscience ou la prise de conscience qui détermine la réalité, ou c'est comme quand on jette en l'air une pièce de monnaie, tout dépendrait des conditions initiales.

L'expérience elle-même était impossible à réaliser, mais ce thème a passionné les savants, y compris Albert

Einstein. Celui-ci avait au départ écrit à Schrödinger pour lui proposer une expérience de pensée avec un baril de poudre. Schrödinger lui avait répondu avec son chat. Dès lors, Einstein avait imaginé un baril de poudre avec un chat à proximité. Mais pourquoi avoir mêlé un chat à toutes ces histoires étranges ? Là est la vraie question ! Il se peut (et ce serait joli) que cela vienne du chat de Cheshire, dans le roman « Les aventures d'Alice au pays des merveilles » : ce chat a la faculté d'apparaître et de disparaître selon sa volonté, ce qui amuse Alice. À un moment, le chat disparaît même complètement, sauf son sourire. Alice remarque alors qu'elle a souvent vu un chat sans sourire, mais jamais un sourire sans chat.

En tout cas, cette expérience de pensée, et la physique quantique en général, ouvrent la voie vers des perspectives déroutantes, y compris pour les chats. Des univers parallèles ? Et pourquoi pas la téléportation ? Dans le monde de la physique quantique, l'information sur l'état d'une particule est instantanément transférée à une autre intriquée, quelle que soit la distance entre elles. C'est un peu comme si l'on avait deux boîtes contenant chacune un chat de Schrödinger. Quand on ouvrirait une boîte, cela influencerait l'état du chat de l'autre boîte, réalisant ainsi une sorte de téléportation du chat. Peut-être que pour les Élohim-chats venus d'un autre monde, d'un monde lointain ou d'un monde parallèle, il n'y aurait donc eu nul besoin d'utiliser des vaisseaux spatiaux. Qui sait ? Schrödinger et Einstein avaient-ils eu l'intuition que les chats en savaient plus qu'ils ne voulaient le dire ? Peut-être ! La téléportation relève de la science-fiction, nous dit-on toutefois, et puis qui aurait amené la boîte sur Terre, sinon des vaisseaux spatiaux ? L'hypothèse ne tient pas ? Les Élohim-chats ont pu alors passer plutôt par un trou de ver (les chats adorent se faufiler dans des endroits improbables), ce tunnel spatio-temporel (hypothétique certes, mais passons...) permettant de passer d'un coin de l'Univers à un autre, et ce instantanément, presque comme on prend le métro ! CQFD !

Si les Élohim-chats sont ce qu'ils sont, pourquoi les religions ne les ont-elles donc pas reconnus pour ce qu'ils sont ? C'est là, assurément, une bonne question. On vient de voir que la science a commencé à lever le voile à leur sujet. Les religions les auraient, elles, sciemment ignorés ? Non ! Les religions n'aiment pas trop la concurrence, mais elles ne pouvaient pas les ignorer ! Au fil des siècles et des cultures, elles les ont donc adorés comme des dieux ou diabolisés comme des créatures maléfiques. En somme, tout dans l'excès, tout le contraire de l'indifférence ! (L'indifférence était impossible pour des êtres si différents !) C'est bien ce que nous avons vu précédemment. Vous admettrez que les Élohim-chats ne manquent pas d'une certaine crédibilité face à un Dieu barbu, frère jumeau du Père Noël. Comme toute divinité, ils adorent qu'on leur parle doucement, respectueusement, qu'on les prie en somme, ce qui peut les pousser à ronronner, comme une grâce qu'ils semblent nous accorder, tels des dieux condescendant à nous accorder quelques faveurs.

Alors, les humains, êtes-vous enfin convaincus ? Non ? Même pas l'ombre d'un doute ? Pourtant, certains d'entre vous, surtout aux États-Unis, croient aux reptiliens. Aux quoi ? Aux reptiliens ! Je vous explique ! Les reptiliens seraient des sortes de reptiles ayant pris forme humaine pour se fondre dans la population – mais uniquement parmi les élites, et cela dans un but maléfique, pour exercer le pouvoir à leur avantage. Des personnages très connus seraient ainsi des reptiliens (ou « lézards », ou « dinosauroïdes », ou encore « reptiles humanoïdes » ou « reptiloïdes »), mais je ne vais citer aucun nom. Des traits physiques permettraient de les reconnaître (merci à Internet, très pratique pour déformer les visages), comme la taille de leurs pupilles, leur regard perçant ou encore la forme de leur gorge. Ils pourraient être d'origine extraterrestre, ou venir des profondeurs de la terre – tout en ayant des ancêtres venus d'ailleurs ou issus des dinosaures.

Cette histoire de reptiliens a fait florès au XXe siècle, mais on peut la rattacher à des légendes plus anciennes, comme celle d'un personnage féminin légendaire, Mélusine. Selon une version populaire (il en existe plusieurs), c'était une fée maudite, condamnée par sa mère à ce que ses jambes se transforment en queue de serpent chaque samedi. L'homme qu'elle devait épouser ne devait jamais la voir ce jour-là. Elle se maria et eut dix fils, dont huit étaient plus ou moins difformes. Le frère de son mari, jaloux de la bonne fortune de celui-ci, raconta alors qu'elle forniquait le samedi. Furieux, le mari regarda ce jour-là par le trou de la serrure la pièce où était sa femme, et il la vit qui se peignait les cheveux dans une cuve remplie d'eau : elle était femme au-dessus du nombril, serpent en-dessous. Sur le moment, il ne se passa rien de grave, mais plus tard, à une autre occasion, le mari s'en prit à elle. Mélusine se jeta alors par la fenêtre en poussant un cri de désespoir. Par la suite, elle devait se manifester chaque fois que son château allait changer de propriétaire, ou lorsque quelqu'un allait mourir.

D'autres légendes encore plus anciennes courent sur Mélusine ou sur une femme-serpent. Hérodote raconte ainsi qu'Héraclès aurait rencontré une femme-serpent en cherchant ses juments. Pour récupérer celles-ci, il dut s'unir à elle. En fait, on trouve dans toutes les traditions des hommes ou des femmes à queue de serpent. Le thème le plus ancien est celui d'un être surnaturel épousant un être humain en lui imposant un interdit. Il regagne l'autre monde lorsque le pacte est transgressé, tout en laissant une descendance.

Au XXe siècle, la littérature modernisa le thème des hommes ou humanoïdes à tête de serpent capables de prendre forme humaine. Les reptiliens actuels viennent de là. D'abord œuvres de fiction, les reptiliens furent ensuite présentés comme des réalités. Ceux qui voulaient promouvoir leur existence y ajoutèrent diverses théories du complot. Le tout fut popularisé par Internet, haut lieu du conspirationnisme.

La légende des reptiliens marque en tout cas le rejet des élites : c'est l'idée que, comme les personnes qui en font partie ont des responsabilités et un mode de vie différents du reste de la population, ce sont des êtres à part, des étrangers malveillants n'appartenant pas à l'humanité, qui contrôleraient les masses pour assurer leur propre survie. Ils constituent le mal, l'ennemi dont sont victimes tous ceux qui ne sont pas des leurs. Qui croit aux reptiliens ? Selon un sondage, quatre pour cent des Américains, ce qui fait quand même... douze millions de personnes ! Comment peut-on y croire ? Des livres bien écrits et des photos percutantes sur Internet peuvent persuader certaines personnes assez crédules. Une question cependant : croire aux Élohim-chats est-il plus débile que de croire aux reptiliens ? Oh ! que non ! Pourquoi en serait-il ainsi ? Les deux croyances n'ont pas du tout, mais alors pas du tout le même poids ! Refaites l'expérience : reprenez votre chat (ou prenez un chat quelconque, mais pas trop sauvage de préférence) et tirez-lui les oreilles bien en arrière. Ne me dites pas alors qu'il n'a pas la gueule d'un extraterrestre ! La ressemblance n'est-elle pas tout à fait flagrante ? C'est assurément la preuve absolue, ultime, définitive ! Là est vraiment la vérité – toute la vraie vérité véridique véritablement vraie !

Oh ! bien sûr, si vous croyez que les extraterrestres ont construit les pyramides, les lignes de Nazca et tout le reste, si vous croyez que la Terre est plate et que les hommes ne sont pas allés sur la Lune, ou que les reptiliens ou les Illuminati existent et gouvernent le monde, vous pouvez certainement croire que les chats viennent d'une autre planète. Mais je crains qu'il y ait parmi vous des personnes qui doutent encore. Les Élohim-chats, ça ne passerait pas si facilement que ça... Billevesées que tout cela ? Bon, j'admets, je me suis peut-être laissé emporter par mon enthousiasme pour la cause féline. Peut-être que les chats n'ont pas créé les cieux et la terre, c'est possible. En tout cas, pas directement. Mais quand vous les regardez les yeux dans les yeux, vous supputez forcément qu'ils cachent en eux tous les mystères du monde. Et quand ils dorment profondément, vous ne pouvez pas douter qu'ils soient partis à des milliards de kilomètres de là. C'est indiscutable !

Créer, c'est vrai, ce n'est pas trop notre truc, à nous les chats. On préfère casser vos objets et déchirer vos rideaux et canapés – ce qui, il est vrai, peut donner lieu à de magnifiques créations artistiques d'une haute valeur. Admettons donc, si vous voulez, que l'on n'ait pas créé le monde. Après tout, son origine fait débat, et même si les Élohim-chats sont une hypothèse comme une autre, ou un acte de foi aussi valable que la foi en la théière céleste de Russell ou au monstre en spaghetti volant du pastafarisme (regardez sur Internet si vous voulez plus d'explications, car moi, je commence à être fatigué et, comme tout chat qui se respecte, j'ai droit à mes quinze heures syndicaux de sommeil par jour, ce qui fait que je n'ai plus le temps d'entrer dans les détails), cela n'empêche en rien que nous soyons des êtres divins. La preuve : vous nous adorez ! Et puis, nous avons naturellement la prestance des dieux. Peut-être que vous n'osez toujours pas le reconnaître. Un reste d'orgueil ou de dignité peut encore vous faire croire que vous restez les maîtres, cela expliquerait pourquoi certains d'entre vous ne veulent pas se soumettre. Si cela peut vous faire plaisir de croire qu'il en est ainsi... Mais regardez-vous : vous adaptez votre emploi du temps en fonction de votre ou de vos chats, vous vous sentez coupables si vous les laissez seuls, vous leur cédez les meilleures places chez vous, quitte à sacrifier votre propre confort, vous dépensez tant et plus pour eux, vous cédez à toutes leurs demandes, vous leur parlez et ne parlez que d'eux autour de vous, vous rêvez d'eux, le jour, la nuit... Les chats sont vos maîtres, reconnaissez-le ! Et c'est bien normal, puisque vous habitez chez eux.

L'avez-vous remarqué ? Ce chapitre sur la véritable histoire des chats se conclue comme le précédent qui relatait leur histoire officielle, par la domination ultime des chats. Et toujours sans la moindre conjuration de leur part. Le livre que vous avez sous les yeux porte donc un nom trompeur : ce n'est pas « La dernière conjuration des chats », car il n'y a jamais eu de conjuration des chats, et donc par conséquent jamais de *dernière* conjuration ! Encore un tour des chats ?

Et maintenant, laissez-moi dormir du sommeil du juste pour un repos bien mérité, et ne me réveillez sous aucun prétexte ! Tout peut attendre, le monde peut s'écrouler, cela n'a aucune importance, mais n'oubliez pas que vous devez me laisser dormir, et me nourrir à mon réveil. De la bonne viande, du poisson, ou tout ce que j'aime. Car tel est mon bon plaisir ! Ah ! une dernière chose ! Cessez une fois pour toutes de vouloir fouetter les chats ! C'est exaspérant ! Vous me dites que vous ne le faites jamais, ô grand jamais de jamais ? Et que faites-vous alors du billet d'humour suivant, de Jean d'Ormesson, illustre écrivain et académicien qui a le mieux traduit pour vous vos plus infâmes pensées ?

Voyez plutôt (et ce sera mon dernier mot, qui ne sera même pas de moi !) :

« Myope comme une taupe », « rusé comme un renard », « serrés comme des sardines »... les termes empruntés au monde animal ne se retrouvent pas seulement dans les fables de La Fontaine, ils sont partout.

La preuve : que vous soyez fier comme un coq, fort comme un bœuf, têtu comme un âne, malin comme un singe ou simplement un chaud lapin, vous êtes tous, un jour ou l'autre, devenu chèvre pour une caille aux yeux de biche.

Vous arrivez à votre premier rendez-vous fier comme un paon et frais comme un gardon, et là …**pas un chat !**

Vous faites le pied de grue, vous demandant si cette bécasse vous a réellement posé un lapin.

Il y a anguille sous roche et pourtant le bouc émissaire qui vous a obtenu ce rancard, la tête de linotte avec qui vous êtes copain comme cochon, vous l'a certifié : cette poule a du chien, une vraie panthère !

C'est sûr, vous serez un crapaud mort d'amour.

Mais tout de même, elle vous traite comme un chien.

Vous êtes prêt à gueuler comme un putois quand finalement la fine mouche arrive.

Bon, vous vous dites que dix minutes de retard, il n'y a pas de quoi casser trois pattes à un canard.

Sauf que la fameuse souris malgré son cou de cygne et sa crinière de lion est en fait aussi plate qu'une limande, myope comme une taupe, elle souffle comme un phoque et rit comme une baleine.

Une vraie peau de vache, quoi !

Et vous, vous êtes fait comme un rat.

Vous roulez des yeux de merlan frit, vous êtes rouge comme une écrevisse, mais vous restez muet comme une carpe.

Elle essaie bien de vous tirer les vers du nez, mais vous sautez du coq à l'âne, et finissez par noyer le poisson. Vous avez le cafard, l'envie vous prend de pleurer comme un veau (ou de verser des larmes de crocodile, c'est selon).

Vous finissez par prendre le taureau par les cornes et vous inventer une fièvre de cheval qui vous permet de filer comme un lièvre.

C'est pas que vous êtes une poule mouillée, vous ne voulez pas être le dindon de la farce.

Vous avez beau être doux comme un agneau sous vos airs d'ours mal léché, faut pas vous prendre pour un pigeon car vous pourriez devenir le loup dans la bergerie.

Et puis, ç'aurait servi à quoi de se regarder comme des chiens de faïence ?

Après tout, revenons à nos moutons : vous avez maintenant une faim de loup, l'envie de dormir comme un loir et surtout **vous avez d'autres chats à fouetter.**

D'autres chats à fouetter, vraiment ?

Petit lexique et message photographique

Cartons : avoir toujours des cartons à disposition est une revendication des résistants des FFI (Forces Félines de l'Intérieur) voulant jouir d'une FF (féline félicité).

Chatière : le rêve des chats. Selon une légende urbaine, elle fut inventée par Isaac Newton (celui qui regardait les pommes tomber). En réalité, les chatières existaient déjà avant lui. Les chats sont unanimes pour demander qu'elles soient obligatoires partout.

Chat : un chat peut-il avoir un chat dans la gorge ou donner sa langue au chat ? À voir... En tout cas, pour être heureux, humains, augmentez le pouvoir du chat !

Chats et chiens : on sait que si les chiens ont des maîtres, les chats ont du personnel. Puisqu'on le sait, ne l'oubliez donc pas ! Et ne vous plaignez pas : les chats vous posent moins de problèmes que les chiens, vous pouvez les laisser seuls, vous n'avez pas à les promener. D'où leur succès actuel, au détriment des chiens. Amis chiens, désolé, malgré vos indéniables qualités et votre fidélité sans bornes, vous avez perdu ! C'était bien la peine ! Les chats, indépendants et fiers, ont gagné !

Conjuration (la dernière) : avez-vous vraiment cru que les chats allaient se réunir pour une nouvelle version du serment du Jeu de Paume du 27 juin 1789 ? Jurer de ne pas se séparer avant d'avoir donné une Constitution au Royaume ? Mais non, on n'en était plus au temps de la Révolution ! Et puis, ils n'avaient pas besoin de prendre le pouvoir : ils dominaient déjà tous les royaumes du monde ! Et même les républiques ! Et surtout, ils avaient bien mieux à faire : dormir, dormir toujours et encore ! Dormir profondément, très profondément !

Chaussettes : « J'ai deux chats dans les chaussettes, mais pas le mot dans la tête. » C'est un proverbe japonais que l'on peut utiliser quand on ne trouve pas un mot, quand on l'a sur le bout de la langue (si on ne l'a pas donnée au chat), sous prétexte qu'il serait plus facile de mettre deux chats dans ses chaussette que de trouver le bon mot. Merci de ne pas essayer !

Derrière : si votre chat, la queue bien dressée, vous montre son derrière, ne le prenez pas mal, ce n'est pas de l'impolitesse, c'est qu'il vous aime !

Dormir : le rêve des chats ! De jour, comme de nuit (ne croyez pas qu'ils ne dorment pas un peu beaucoup la nuit), on pourrait croire qu'ils ne pensent qu'à ça ! Ils passent le plus clair de leur temps à dormir, de préférence à plusieurs endroits, en souvenir des temps lointains où ils n'étaient en sécurité nulle part. Pour eux, comme pour nous, dormir sans se réveiller, c'est le rêve. Le sommeil éternel pourrait alors être considéré comme un rêve accompli – mais nous n'irons pas jusque là... À méditer cependant.

Éleveurs de chats : certaines personnes les critiquent car il y a déjà des chats à adopter dans les refuges. Et puis, ces éleveurs ne s'occupent que des chats dits de race, et non des chats dits de gouttière, si mignons, et bien plus faciles à adopter. Ce n'est pas du racisme, c'est être réaliste : les chats dits de gouttière ne sont pas trop vendables. Raison de plus pour les adopter !

Hello Kitty : petite fille aux traits de chat – sans être pour autant un nekomimi (voir ce mot).

Ikigai : c'est la raison d'être, représentée par trois cercles qui s'entrecroisent.

Heureux ? On sait que les chats sont les maîtres du monde, mais sont-ils heureux ? Bonne question ! S'ils vivent plus longtemps aujourd'hui, ils souffrent souvent de stress (mais oui !), et d'ennui s'ils vivent en appartement, et l'obésité les guette. À surveiller !

Japon : c'est le pays des chats, non par leur nombre, mais par la vénération dont ils sont l'objet. Ils sont associés à la chance et à la prospérité. Même les chats noirs y portent bonheur.

Kagami : c'est la sœur de Kenta.

Kenta : c'est l'ami de Neko sensei.

Laisse : si les chiens sont assez gentils pour faire avec, c'est un non ferme côté chats. La laisse a été interdite au Japon pour les chats par un décret impérial en 1602.

Maneki-neko : inutile de le présenter. Sinon, vous avez de grandes lacunes à combler.

Modèles : comme les enfants, les chats pourraient être des modèles pour nous. Ils savent apprécier le moment présent, sans trop se préoccuper de l'avenir ou du passé.

Mort : les chats ont un avantage sur nous, puisqu'on leur accorde neuf vies, soit quand même huit de plus que pour nous. Vous pouvez croire en la réincarnation, ou en la présence des chats au paradis, mais de toute façon les chats sont comme nous composés d'atomes, et ceux-ci vont et viennent d'un animal à l'homme, d'une plante à un objet, et cela dans tous les sens, sans discrimination, et sans même attendre la mort de tout un chacun. Alors, vous-même, par vos atomes, vous tenez du chat, vous avez été chat, et vous serez chat !

Naikan : technique d'introspection où l'on se pose trois questions. Lesquelles ? Vous ne le savez pas ? Comme punition, « introspectezez-vous » en relisant bien le chapitre III.

Neko : c'est le mot japonais qui désigne le chat. À ne jamais oublier ! (Ni le mot, ni le chat !) En langue très populaire, Neko peut aussi désigner une jeune fille, généralement coquette. « Neko ni koban » (« donner des pièces d'or à un chat »), équivaut à notre expression « Jeter des perles aux cochons ». Pas gentil, ni pour les chats, ni pour les cochons !

Neko sensei : *sensei* est un titre que l'on emploie pour désigner par exemple un professeur. Neko sensei, c'est donc en français l'équivalent de *professeur Lechat.* Le prénom de Neko sensei est Masato.

Nekomimi (« Oreilles de chat ») : dans les mangas, animes et jeux vidéo, c'est un personnage généralement féminin qui a des oreilles de chat, voire une queue et des griffes. On l'appelle aussi Nekoko (« fille-chat »).

Nyan : équivalent de notre « miaou ». Peut désigner le chat lui-même.

Nyan cat : mème Internet qui consiste en un gif animé d'un chat volant gris avec un corps rose en forme de grillardise (pâtisserie à grille-pain) à la cerise qui laisse un arc-en-ciel derrière lui. Le mot ne figure pas dans ce livre, mais il fallait quand même le mentionner !

Relations avec les humains : Les chats ont développé une relation spéciale avec les humains. Ils aiment qu'on leur parle doucement, gentiment, et ils répondent en miaulant, en ronronnant ou en gesticulant à leur façon. On peut aimer les câliner, mais il faut respecter leur territoire, leur intimité, ne pas les caresser contre leur gré, quand et où ils ne veulent pas. S'ils vous mordillent ou remuent la queue, ils veulent que vous les laissiez tranquilles. (Ils peuvent cependant aussi vous mordiller par gentillesse s'ils sont contents : à vous de les comprendre !) Ne pas oublier non plus que les chats sont des chasseurs. Afin de leur éviter la dépression, s'ils ne peuvent chasser (et tuer trop de pauvres oiseaux), il faut leur donner des jouets pour qu'ils puissent se défouler en paix, et passer du temps avec eux. Et leur pardonner s'ils tapotent un objet et le font tomber : pour eux, c'est comme une proie, et une proie on l'attrape et on la frappe. Après, s'il y a de la casse, ce n'est pas de leur faute !

Temples et sanctuaires : au Japon, les temples sont bouddhistes, comme Gotoku-ji par exemple (*ji* désigne un temple bouddhiste). Les sanctuaires, eux, sont shintō, comme Imado-jinja (*jinja* désigne un sanctuaire shintō). Dans ces derniers, on vénère un kami (divinité ou esprit). Le shintō ou shintoïsme est un ensemble de croyances avec des éléments polythéistes et animistes. Le torii, ou porte shintō, est son élément architectural le plus célèbre. Les Japonais fréquentent aussi bien les temples que les sanctuaires. Pour les chats, c'est pareil :

il peut y avoir des maneki-neko partout ! Les chats sont assurément œcuméniques !

Yakuzas : ce sont les membres du crime organisé japonais. Dans ce livre, des yakuzas, les samouraïs des chats, sont membres de la secte Neko shinrikyō (encore le mot neko !) Rassurez-vous : elle n'existe pas.

Yutori : c'est un art. Vous ne savez pas quel art ? Vous donnez votre langue au chat ? (Mais que voulez-vous qu'il en fasse ?!) Décidément, vous n'avez rien retenu du livre ! Un indice : c'est le docteur Tanaka qui en parle, au chapitre V (comme pour le yoyū).

Zoo : pas pour les chats, ouf !

Attention !

Maintenant...

… ouvrez grands les yeux…

...et les oreilles !

Surtout...

...surtout...

...n'oubliez jamais...

...de prendre soin de nous !

*Retrouvez l'auteur sur son compte Facebook
et sur sa page : Le poisson rouge philosophe*

Autres livres du même auteur vendus en ligne sur les sites comme Amazon, la Fnac, Cultura, leslibraires.fr, placedeslibraires.fr, uculture.fr, etc.,

*et tout d'abord, le complément indispensable
au présent livre, à acheter chat en poche :*

La conspiration des chats

Les chats pourraient-ils un jour ourdir une conspiration pour dominer le mon Insidieusement, à pas feutrés, ils se sont mis à remplacer le chien dans nos foyers. Le plus vieil ami de l'homme a cédé sa place à un être qui a pris ses aises chez nous.

Jusqu'à présent, de gré ou de force, tous les animaux obéissaient à l'homme. Mais le chat n'obéit qu'à lui-même, et maintenant l'homme lui obéit. Veut-il entrer ou sortir, veut-il manger, ou quoi que ce soit d'autre ? L'homme lui ouvre les portes et le nourrit, se tient à sa disposition, lui donne son fauteuil, son canapé, son lit, partout la meilleure place. Le chat ne vit pas chez l'homme, c'est l'homme qui vit chez le chat. Que lui manque-t-il alors pour être vraiment le maître du monde ? Une ultime mutation ? Une véritable conspiration ?

La conspiration des rats

*(à acheter aussi chat en poche,
car à bon chat, bon rat)*

Des rats, et puis des rats, et encore des rats ! Des rats par-ci, des rats par-là, des rats là-haut, des rats là-bas ! Des rats partout, des rats, des rates et des ratons, des familles de rats, des hordes de rats, toutes sortes de rats, par centaines, par milliers, par millions !

Imaginez tous ces rats qui sortiraient des égouts de Paris pour se montrer au grand jour. Imaginez qu'ils formeraient alors la gigantesque armée d'un royaume conquérant. Imaginez des humains qui les combattraient, tandis que d'autres voudraient leur donner l'intelligence et le pouvoir. Imaginez ensuite tout ce que cela pourrait faire si les rats s'en prenaient à nous et aux lieux où nous vivons. Imaginez enfin des rats mutants qui grossiraient jusqu'à devenir vraiment énormes et qui partiraient à la conquête du monde. Si vous imaginez tout cela, vous imaginez la conspiration des rats, une conspiration aussi surprenante que multiforme.

Histoire d'une puce pucelle qui voulut sauver le monde

Bonjour, je m'appelle Puce, et je suis une puce.

Quand ils se sont rencontrés, mon père était puceau, et ma mère était pucelle. En venant au monde, je ne pouvais donc qu'être puce et, de fait, puce je naquis.

En tant que fille de pucelle, ou plutôt d'ancienne pucelle, et pucelle moi-même, je me sentis vite promise à un destin extraordinaire. Des voix intérieures me prédisaient que j'avais un grand dessein à accomplir, mais je n'avais aucun idée de ce dont il pouvait bien s'agir. En outre, je n'avais personne à qui me confier : tout cela était si étrange, comment les autres puces auraient-elles pu me comprendre ? Peut-être que je me trompais, mais je les soupçonnais d'être à mille lieux de mes mystiques interrogations.

Vous vous dites que c'est impossible : une puce n'est qu'une puce, un misérable insecte, sans la moindre dose d'intelligence, fût-elle de dimensions homéopathiques. Une puce ne peut que vous piquer bêtement, alors que vous ne lui avez rien demandé, sinon de vous laisser tranquille. Et encore, vous piquer ? Mais qu'est-ce qu'une piqûre de puce comparée à une piqûre de moustique, d'abeille ou de guêpe ? La puce ne joue pas dans la même catégorie, c'est vrai ! Et comment pourrait-elle jamais avoir ne fût-ce qu'un soupçon d'intelligence ? Non, elle ne saurait vous raconter sa vie dans un livre. Une puce ne s'exprime que par ses mini-piqûres, non par on ne sait quelle écriture. Je suis sûre que vous pensez ainsi.

C'est vrai, vous avez mille fois raison. Mais vous ne savez pas tout...

L'entonnoir de la vie

L'entonnoir de la vie ? Quel rapport peut-il y avoir entre la vie et un entonnoir ? La vie serait-elle comme un entonnoir ?

Quand on entre dans la vie, l'univers des possibles est déjà limité, comme avec un entonnoir. Puis, avec les années qui passent, cet univers se rétrécit, et l'on glisse inexorablement vers sa fin, tout comme avec un entonnoir l'on glisse vers son bout.

Mais tant qu'il y a de la vie, il y a de l'espoir !

Ce livre joue alors au jeu de la vie, au jeu des sept familles ramenées à deux, pour simplifier : il raconte l'histoire de deux familles, avec leurs multiples personnalités et destins où chaque individu est comme un entonnoir qui peut déboucher à son tour sur un nouvel entonnoir, et la vie se prolonger ainsi indéfiniment. Cela fait au final tout un tas d'histoires qui témoignent de la vie de tous ces émigrés et Français de souche qui ont fait la France actuelle. D'un entonnoir à l'autre, c'est l'histoire de plusieurs vies, c'est l'histoire de la France d'hier et d'aujourd'hui.

Opticon Tessour (1950-2049) philosophe et président de la République française

Notre ancien président Opticon Tessour n'est plus. L'auteur, qui fut le préfacier de deux de ses livres, nous apporte ici son témoignage sur la vie et la philosophie de celui qui fut notre président de la République le plus âgé, mais aussi le plus épris de sagesse.

Il retrace ici les grands événements de ses mandats, et récapitule quels furent les enseignements d'Opticon Tessour sur le bonheur et les grands principes de la République.

Autres livres de l'auteur,
sous le nom d'Opticon Tessour :

Tout cela a-t-il un sens ?
Comprendre la vie, le monde et l'histoire
grâce aux... poissons rouges !

Comment expliquer le monde qui nous entoure, ce tourbillon de vie qui entraîne tout ce qui existe ? Pourquoi la vie ? La mort ? Tout cela a- t-il un sens ? Opticon Tessour, le chercheur français mondialement inconnu, formé dans les plus grandes universités comme Cambridge et Harvard, dérange les mythologies, les religions et la théologie, la philosophie, l'histoire, la science et la littérature pour tenter d'expliquer l'inexplicable. Dans un style limpide comme l'eau de pluie que traverse l'arc-en-ciel un jour d'été, il dévoile enfin le pourquoi du comment du sens de l'histoire. Et cela, grâce à ses poissons rouges ! Ceux-ci, pourtant muets comme des carpes, nous donnent ensuite leur point de vue, ou du moins celui d'Opticon Tessour lui-même qui, s'étant assoupi dans son spa après un repas bien arrosé, s'est vu en poisson rouge. Opticon Tessour a alors tout compris : le Big

Bang, la naissance des atomes, puis celle des poissons rouges, leur vie mouvementée, leur destin singulier, et partant celui de l'Univers entier.

Les poissons rouges peuvent-ils nous apprendre à être heureux comme des poissons dans l'eau ? Ou simplement à nous imprégner de leur ineffable sérénité ? Voici un livre pour en être persuadé. C'est en tout cas l'opinion qu'Opticon Tessour partage avec lui-même. Cela peut avoir du sens, et puis l'histoire ne devrait pas finir en queue de poisson ! Afin de tirer le meilleur parti de ce livre, il ne vous sera pas nécessaire de vous mettre dans la tête d'un poisson rouge, ni de demander à votre poisson rouge préféré des explications si vous ne comprenez pas tout, mais peut-être qui sait si entre lui et vous, les similitudes ne sont pas plus grandes qu'escompté ? Dans ce cas, les réponses données à vos poissons rouges ou par les poissons rouges seraient aussi les vôtres, et vous pourriez alors comme eux nager dans leur apaisante sérénité...

Le cri du poisson rouge

Le cri du poisson rouge ? Mais quel peut être ce cri, puisque les poissons, rouges ou non, sont tous muets comme des carpes ? La nature de ce cri, c'est ce que ce livre vous propose de découvrir, ainsi que plusieurs anecdotes concernant les poissons, rouges ou non. Des anecdotes qui en disent aussi beaucoup sur le genre humain lui-même.

Opticon Tessour, le célèbre auteur de *Tout cela a-t-il un sens ?*, signe ici un livre qui fera date pour qui s'intéresse aux poissons, rouges ou non.

À sa demande, Joël Carobolante, trésorier honoraire de l'Association ataraxique des amis des animaux aquatiques et des amphibiens, a accepté bien volontiers de préfacer cet ouvrage.

Élisez-moi à l'Élysée !

Opticon Tessour vous demande de l'élire à la présidence de la République dans ce livre qui présente le candidat, ainsi que son programme, pour l'élection de... 2037 !

Ce n'est pas qu'Opticon Tessour s'y prenne en avance, c'est que l'action de ce livre se situe en 2033. Pourquoi 2033 ? L'auteur veut sans doute anticiper sur lui-même, être en avance sur son temps. Allez savoir...

En tout cas, tenez-vous prêts, informez-vous, lisez donc le livre d'Opticon Tessour dès maintenant !

Ce livre est la transcription d'un entretien accordé par l'auteur à Pierre Pratlong, du journal « Le cri du poisson rouge ».

Le petit dico des grandes citations
(et des moins grandes)
à connaître absolument

Qui a écrit quoi ? Et pourquoi ?

Encore un livre de citations... Les livres de citations abondent, alors pourquoi en faire un de plus ? Parce que chacun d'eux est quand même différent. Les possibilités de citer telle ou telle personne sont tellement infinies, tant les citations possibles sont nombreuses, que chaque ouvrage ne peut être qu'unique. Celui-ci se propose ainsi de rassembler les citations à connaître absolument, qu'elles soient grandes ou petites, très sérieuses ou beaucoup moins. Il s'agit bien sûr d'un choix forcément subjectif, celui de l'auteur de cet ouvrage, mais qui vise à intéresser le plus grand nombre possible de lecteurs.

Ce petit dico ambitionne ainsi de rassembler la fine fleur des citations pour en constituer un florilège, afin de faire réfléchir et de distraire. Faire réfléchir pour mieux comprendre la vie, le monde et ceux qui l'habitent, et distraire grâce à quelques pensées amusantes, car la vie est ainsi, avec ses moments gais et d'autres moments qui le sont moins. Des moments variés accompagnés et enrichis par la lecture de ce petit dico, un petit livre qui se veut utile et facile à lire. Utile, car il rassemble toute la sagesse humaine, et facile à lire, car il n'est ni trop petit, ni trop gros !

Autres livres chez BOD vendus en ligne sur les sites comme Amazon, la Fnac, Cultura, leslibraires.fr, placedeslibraires.fr, uculture.fr, etc., :

Nitro 11

de Phil Haé

Attachez vos ceintures ! Suivez les multiples interventions policières de Paul Hea : un carnaval mouvementé, une bombe dans un immeuble, une attaque de bijouterie, la disparition d'un proche...

Paul Hea va être au cœur d'enquêtes à suspense, de courses-poursuites, de scènes d'actions et de cascades spectaculaires.

Que ce soit sur la terre, sur la mer ou dans les airs, Paul Hea poursuit sans relâche sa mission : coffrer les traqués !

Et bientôt un nouveau livre de Phil Haé...

Dakaï

de Spirit Black

L'île de Sikan est peuplée de monstres en tous genres.

Vous allez suivre les aventures de sept héros, qui ont chacun leur propre histoire. Mais ils ne se croiseront pas. Par contre, tous feront la connaissance d'un monstre nommé Dakaï, ainsi que d'autres protagonistes qui pourraient avoir un rôle important.

Le vrai méchant est-il celui que tout désigne ? Qui est vraiment responsable de tout ce qui arrive ?

Vous le saurez en suivant nos héros.

Tout acte a ses conséquences.

Le prix sera lourd à payer.

Le légendaire Dakaï
L'épopée d'un monstre

de Spirit Black

Tout méchant a un passé qui le hante.
Vous allez découvrir celui de Dakaï.

Comment un être peut-il se laisser envahir par les ténèbres ?

De quelle façon l'obscurité arrive-t-elle à noircir un cœur pur ?
Qu'a donc vu Dakaï ?
Qu'a-t-il fait pour devenir ainsi ?
Quel est son objectif en agissant de la sorte ?

Et si vous vous trompiez sur la nature cachée de Dakaï ?

Vous le saurez en suivant les pas d'un monstre en devenir !

Mystères
Sept histoires abracadabrantesques

de Brigitte Carobolante

Voulez-vous rêver et vous évader ? Alors, plongez dans ces sept histoires pour y découvrir le mystère de chacune. Suivez les pas d'Alice, rencontrez le peuple de Zorg et découvrez d'autres aventures.

Ces histoires, pour petits et grands, à la lecture facile, un peu semblables à des contes, vous emmèneront vers des intrigues nimbées de fantastique.

En route ! Un voyage vous attend pour un périple qui vous transportera aux confins de la réalité vers l'imaginaire.

Pour finir...

...juste une question...

Pourrait-on...

...enfin dormir ?